Noua abordare a gatitului anti-inflamator 2023

Alimente pentru a reduce inflamatia si a imbunatati sanatatea

Valentina Ionescu

Cuprins

Porții de orez cu creveți cu lămâie: 3 16

Ingrediente: 16

Directii: 16

Creveți și lămâie la cuptor cu dovlecel și porumb porții: 4 18

Ingrediente: 18

Directii: 19

Supă de conopidă Porții: 10 20

Ingrediente: 20

Directii: 20

Burger cu cartofi dulci și fasole neagră Porții: 6 22

Ingrediente: 22

Directii: 23

Supă de ciuperci cu nucă de cocos Porții: 3 25

Ingrediente: 25

Directii: 25

Salată de fructe în stil de iarnă Porții: 6 27

Ingrediente: 27

Directii: 27

Pulpe de pui prăjite cu miere cu morcovi Porții: 4 29

Ingrediente: 29

Directii: 29

Porții de chili de curcan: 8 31

Ingrediente: 31

Directii: 32

Supă de linte cu condimente Porții: 5 33

Ingrediente: 33

Directii: 33

Porții de pui și legume cu usturoi: 4 35

Ingrediente: 35

Directii: 35

Porții de salată de somon afumat: 4 37

Ingrediente: 37

Directii: 38

Salată Shawarma cu fasole: 2 39

Ingrediente: 39

Directii: 40

Porții de orez prăjit cu ananas: 4 41

Ingrediente: 41

Directii: 42

Porții de supă de linte: 2 43

Ingrediente: 43

Directii: 44

Salată delicioasă cu ton: 2 45

Ingrediente: 45

Directii: 45

Aioli cu ouă porții: 12 47

Ingrediente: 47

Directii: 47

Paste spaghete cu sos de ciuperci ierburi Ingrediente: 48

Directii: 49

Supă Miso De Orez Brun și Shitake Cu Cepă 51

Ingrediente: 51

Păstrăv oceanic la grătar cu sos de usturoi și pătrunjel 53

Ingrediente: 53

Directii: 53

Wraps cu conopidă și năut Ingrediente: 55

Directii: 56

Supă cu tăiței de hrișcă Porții: 4 58

Ingrediente: 58

Directii: 59

Salată ușoară de somon: 1 60

Ingrediente: 60

Directii: 60

Porții de supă de legume: 4 61

Ingrediente: 61

Directii: 62

Porții de creveți cu lămâie și usturoi: 4 64

Ingrediente: 64

Directii: 64

Blt Spring Rolls Ingrediente: 65

Piept cu brânză albastră Porții: 6 66

Ingrediente: 66

Directii: 66

Soba rece cu sos miso Ingrediente: 68

Directii: 69

Bucăți de conopidă de bivoliță la cuptor Porții: 2 70

Ingrediente: 70

Directii: 70

Pui cu usturoi la cuptor cu busuioc și roșii Porții: 4 72

Ingrediente: 72

Directii: 72

Supă cremoasă de turmeric și conopidă Porții: 4 74

Ingrediente: 74

Directii: 75

Orez brun cu ciuperci, varză și cartofi dulci 76

Ingrediente: 76

Reteta de tilapia la cuptor cu topping de rozmarin pecan 78

Ingrediente: 78

Wrap cu tortilla cu fasole neagră Porții: 2 80

Ingrediente: 80

Directii: 80

Pui cu fasole albă cu legume verzi de iarnă 81

Ingrediente: 81

Directii: 82

Porții de somon copt cu ierburi: 2 83

Ingrediente: 83

Directii: 83

Salată de pui cu iaurt grecesc 85

Ingrediente: 85

Directii: 85

Salată de năut mărunțit 86

Ingrediente: 86

Directii: 87

Porții de salată Valencia: 10 88

Ingrediente: 88

Directii: 89

Porții de supă „Eat Your Greens": 4 90

Ingrediente: 90

Directii: 91

Somon Miso și fasole verde Porții: 4 92

Ingrediente: 92

Directii: 92

Porții de supă de praz, pui și spanac: 4 93

Ingrediente: 93

Directii: 93

Porții Bombe de ciocolată neagră: 24 95

Ingrediente: 95

Directii: 95

Porții de ardei umpluți italieni: 6 96

Ingrediente: 96

Directii: 97

Pastrav afumat invelit in salata verde portii: 4 98

Ingrediente: 98

Directii: 99

Ingrediente pentru salată de ouă deviled: 100

Directii: 100

Pui la cuptor cu tamari de susan cu fasole verde 102

Ingrediente: 102

Directii: 102

Tocană de pui cu ghimbir Porții: 6 104

Ingrediente: 104

Directii: 105

Ingrediente pentru salata Garbano cremoasa: 106

Directii: 107

Taitei Morcovi Cu Sos De Arahide Lime Ghimbir 109

Ingrediente: 109

Directii: 109

Legume Prăjite Cu Cartofi Dulci și Fasole Albă 111

Ingrediente: 111

Directii: 111

Porții de salată de varză: 1 113

Ingrediente: 113

Directii: 113

Porții de sticlă răcită cu nucă de cocos și alune: 1 115

Ingrediente: 115

Directii: 115

Garbanzo rece și fasole de spanac Porții: 4 116

Ingrediente: 116

Directii: 116

Frunze de taro în sos de nucă de cocos Porții: 5 117

Ingrediente: 117

Directii: 117

Porții de tofu și verdeață prăjită: 4 118

Ingrediente: 118

Directii: 118

Broccoli condimentat, conopidă și tofu cu ceapă roșie 120

Ingrediente: 120

Directii: 121

Porții în tigaie cu fasole și somon: 4 122

Ingrediente: 122

Directii: 123

Porții de supă de morcovi: 4 124

Ingrediente: 124

Directii: 125

Porții de salată de paste sănătoase: 6 126

Ingrediente: 126

Directii: 126

Curry cu năut Porții: 4 până la 6 128

Ingrediente: 128

Directii: 129

Carne tocata Stroganoff Ingrediente: 130

Directii: 130

Porții de coaste scurte: 4 132

Ingrediente: 132

Directii: 133

Supă de pui și tăiței fără gluten: 4 134

Ingrediente: 134

Porții de curry de linte: 4 136

Ingrediente: 136

Directii: 137

Pui și mazăre snap Porții: 4 138

Ingrediente: 138

Directii: 139

Broccolini suculent cu migdale hamsii Portii: 6 140

Ingrediente: 140

Directii: 140

Porții de shiitake și spanac: 8....................................142

Ingrediente: 142

Directii: 142

Salată de broccoli și conopidă Porții: 6 144

Ingrediente: 144

Directii: 145

Salată de pui cu atingere chinezească Porții: 3............146

Ingrediente: 146

Directii: 147

Ardei umpluți cu amarant și quinoa Porții: 4................148

Ingrediente: 148

File de pește crocant cu crustă de brânză Porții: 4 150

Ingrediente: 150

Directii: 150

Fasole Proteină Power și Coji Verzi Umplute 152

Ingrediente: 152

Ingrediente pentru salata cu taitei asiatici:................155

Directii: 155

Porții de somon și fasole verde: 4.............................157

Ingrediente: 157

Directii: 157

Ingrediente de pui umplut cu brânză:........................159

Directii: 160

Rucola cu sos de gorgonzola Porții: 4........................161

Ingrediente: 161

Directii: 161

Porții de supă de varză: 6 163

Ingrediente: 163

Porții de orez cu conopidă: 4 164

Ingrediente: 164

Directii: 164

Frittata Feta & Spanac Porții: 4 165

Ingrediente: 165

Directii: 165

Autocolante pentru oală de pui înflăcărat Ingrediente: 167

Directii: 168

Creveți cu usturoi cu conopidă măcinată Porții: 2 169

Ingrediente: 169

Directii: 170

Ton Broccoli Porții: 1 171

Ingrediente: 171

Directii: 171

Supă de dovlecei cu creveți Porții: 4 172

Ingrediente: 172

Directii: 173

Minge de curcan la cuptor Porții: 6 174

Ingrediente: 174

Directii: 174

Tolură de scoici clare Porții: 4 176

Ingrediente: 176

Directii: 177

Porții cu orez și pui: 4 178

Ingrediente: 178

Directii: 179

Jambalaya Creveți Soțiți Porții: 4 181

Ingrediente: 181

Porții de pui chili: 6 183

Ingrediente: 183

Directii: 184

Porții de supă de linte și usturoi: 4 185

Ingrediente: 185

Dovlecei și pui delicioase în prăjirea clasică Santa Fe 187

Ingrediente: 187

Directii: 188

Tacos cu tilapia cu salată minunată de ghimbir și susan.......189

Ingrediente: 189

Directii: 190

Porții de tocană de linte cu curry: 4 191

Ingrediente: 191

Directii: 191

Salată Caesar de Kale Cu Wrap de pui la grătar Porții: 2.......193

Ingrediente: 193

Directii: 194

Porții de salată de fasole cu spanac: 1 195

Ingrediente: 195

Directii: 195

Somon în crustă cu nuci și rozmarin Porții: 6 196

Ingrediente: 196

Directii: 197

Cartofi dulci copți cu sos roșu Tahini Porții: 4 198

Ingrediente: 198

Directii: 199

Porții de supă italiană de dovleac de vară: 4 200

Ingrediente: 200

Directii: 201

Porții de supă cu șofran și somon: 4 202

Ingrediente: 202

Supă de creveți și ciuperci cu aromă thailandeză 204

Ingrediente: 204

Directii: 205

Orzo cu roșii uscate Ingrediente: 206

Directii: 206

Porții de supă de ciuperci și sfeclă: 4 209

Ingrediente: 209

Directii: 209

Chiftele de pui cu parmezan Ingrediente: 211

Directii: 211

Chiftele Alla Parmigiana Ingrediente: 213

Directii: 214

Foaie Tava Piept De Curcan Cu Legume Aurii 215

Ingrediente: 215

Directii: 215

Curry verde cu nucă de cocos cu orez fiert Porții: 8 217

Ingrediente: 217

Directii: 217

Supă de cartofi dulci și pui cu porții de linte: 6 219

Ingrediente: 219

Directii: 219

Porții de orez cu creveți cu lămâie: 3

Timp de preparare: 10 minute

Ingrediente:

¼ de cană de orez sălbatic fiert

½ linguriță. Untul împărțit

¼ linguriță. ulei de masline

1 cană de creveți cruzi, decojiți, devenați, scurși ¼ de cană de mazăre congelată, dezghețați, clătiți, scurși

1 lingura. suc de lamaie, proaspat stors

1 lingura. arpagic, tocat

Un praf de sare de mare, dupa gust

Directii:

1. Se toarnă ¼ linguriță. Untul și uleiul în wok se pun la foc mediu. Adăugați creveții și mazărea. Se călesc până când creveții devin roz coral, aproximativ 5 până la 7

minute.

2. Adăugați orezul sălbatic și gătiți până se încălzește bine - condimentați cu sare și unt.

3. Transferați pe o farfurie. Se presara deasupra arpagic si zeama de lamaie.

Servi.

<u>Informații nutriționale:</u>Calorii 510 Carbohidrați: 0 g Grăsimi: 0 g Proteine: 0 g

Creveți și lămâie la cuptor cu dovlecel și porumb porții: 4

Timp de preparare: 20 de minute

Ingrediente:

1 lingura ulei de masline extravirgin

2 dovlecei mici, tăiați cubulețe de ¼ inch

1 cană boabe de porumb congelate

2 ceai, feliați subțiri

1 lingurita sare

½ linguriță de chimen măcinat

½ linguriță pudră de chili chipotle

1 kilogram de creveți decojiți, decongelați dacă este necesar

1 lingură coriandru proaspăt tocat mărunt

Zest și suc de 1 lime

Directii:

1. Preîncălziţi cuptorul la 400°F. Ungeţi tava de copt cu ulei.

2. Pe foaia de copt, combinaţi dovlecelul, porumbul, ceapa, sarea, chimenul şi pudra de chile şi amestecaţi bine. Aranjaţi într-un singur strat.

3. Adăugaţi creveţii deasupra. Se prăjeşte în 15 până la 20 de minute.

4. Puneţi coriandru şi coaja de lime şi sucul, amestecaţi pentru a se combina şi serviţi.

<u>Informaţii nutriţionale:</u>Calorii 184 Grăsimi totale: 5 g Carbohidraţi totale: 11 g Zahăr: 3 g Fibre: 2 g Proteine: 26 g Sodiu: 846 mg

Supă de conopidă Porții: 10

Timp de preparare: 10 minute

Ingrediente:

¾ cană de apă

2 lingurite ulei de masline

1 ceapă, tăiată cubulețe

1 cap de conopida, doar buchetele

1 cutie de lapte de cocos plin de grăsime

1 lingurita de turmeric

1 lingurita de ghimbir

1 lingurita miere cruda

Directii:

1. Puneți toate elementele de fixare într-o oală mare și fierbeți aproximativ 10

minute.

2. Folosiți un blender de imersie pentru a amesteca și a face supa netedă.

Servi.

<u>Informații nutriționale:</u>Carbohidrați totale 7 g Fibre dietetice: 2 g

Carbohidrați neți: Proteine: 2 g Grăsimi totale: 11 g Calorii: 129

Burger cu cartofi dulci și fasole neagră Porții: 6

Timp de preparare: 10 minute

Ingrediente:

1/2 jalapeno, fără sămânță și tăiat cubulețe

1/2 cană quinoa

6 chifle pentru hamburger din cereale integrale

1 cutie de fasole neagra, clatita si scursa

Ulei de măsline/ulei de cocos, pentru gătit

1 cartof dulce

1/2 cană ceapă roșie, tăiată cubulețe

4 linguri de faina de ovaz fara gluten

2 catei de usturoi, tocati

2 lingurite condiment cajun picant

1/2 cană coriandru, tocat

1 lingurita chimen

Germeni

Sarat la gust

Piper, după gust

Pentru crema:

2 linguri coriandru, tocat

1/2 avocado copt, taiat cubulete

4 linguri smântână cu conținut scăzut de grăsimi/iaurt grecesc simplu 1 linguriță suc de lămâie

Directii:

1. Clătiți quinoa sub jet de apă rece. Pune o cană de apă într-o cratiță și încălzi-o. Adăugați quinoa și aduceți la fierbere.

2. Acoperiți, apoi fierbeți la foc mic până când toată apa se absoarbe, timp de aproximativ 15 minute.

3. Opreste focul si pufeaza quinoa cu o furculita. Apoi transferați quinoa într-un bol și lăsați-o să se răcească timp de 5-10 minute.

4. Înțepați cartofii cu o furculiță și apoi puneți-le la microunde pentru câteva minute, până când sunt fierte bine și sunt moi. Odată fiert, curățați cartofii și lăsați-l să se răcească.

5. Adăugați cartofi fierți într-un robot de bucătărie împreună cu 1 cutie de fasole neagră, ½ cană de coriandru tocat, 2 lingurițe de condimente Cajun, ½

ceașcă ceapă tăiată cubulețe, 1 linguriță de chimen și 2 căței de usturoi tocați.

Pulsați până obțineți un amestec omogen. Transferați-l într-un bol și adăugați quinoa fiartă.

6. Adăugați făină de ovăz/tărâțe de ovăz. Se amestecă bine și se modelează în 6 chifle. Pune chiftelutele pe o foaie de copt și dai la frigider pentru aproximativ o jumătate de oră.

7. Adăugați toate ingredientele Crema într-un robot de bucătărie. Pulsați până la omogenizare. Ajustați sarea după gust și dați la frigider.

8. Ungeți o tigaie cu ulei și încălziți-o la foc mediu.

Gatiti fiecare parte a chiftelilor pana devin aurii, doar pentru 3-4 minute.

Serviți cu cremă, germeni, chifle și împreună cu oricare dintre toppingurile dvs. preferate.

Informații nutriționale:206 calorii 6 g grăsimi 33,9 g carbohidrați totali 7,9 g proteine

Supă de ciuperci cu nucă de cocos Porții: 3

Timp de preparare: 10 minute

Ingrediente:

1 lingura de ulei de cocos

1 lingura de ghimbir macinat

1 cana de ciuperci cremini, tocate

½ linguriță de turmeric

2 căni și jumătate de apă

½ cană de lapte de cocos conservat

Sare de mare dupa gust

Directii:

1. Încălziți uleiul de cocos la foc mediu într-o oală mare și adăugați ciupercile. Gatiti 3-4 minute.

2. Puneți fixările rămase și fierbeți. Se lasa sa fiarba 5 minute.

3. Împărțiți între trei boluri cu supă și bucurați-vă!

<u>Informații nutriționale:</u>Carbohidrați totale 4 g Fibre dietetice: 1 g Proteine: 2 g Grăsimi totale: 14 g Calorii: 143

Salată de fructe în stil de iarnă Porții: 6

Timp de preparare: 0 minute

Ingrediente:

4 cartofi dulci fierți, cuburi (cuburi de 1 inch) 3 pere, cuburi (cuburi de 1 inch)

1 cană de struguri, tăiați la jumătate

1 măr, tăiat cubulețe

½ cană de jumătăți de nuci pecan

2 linguri de ulei de măsline

1 lingura de otet de vin rosu

2 linguri de miere cruda

Directii:

1. Amestecați uleiul de măsline, oțetul de vin roșu, apoi mierea crudă pentru a face dressingul și lăsați deoparte.

2. Combinați fructele tocate, cartofii dulci și jumătățile de nuci pecan și împărțiți-le în șase boluri de servire. Stropiți fiecare bol cu dressing.

<u>Informații nutriționale:</u>Carbohidrați totale 40 g Fibre alimentare: 6 g

Proteine: 3 g Grăsimi totale: 11 g Calorii: 251

Pulpe de pui prăjite cu miere cu morcovi Porţii: 4

Timp de preparare: 50 de minute

Ingrediente:

2 linguri de unt nesarat, la temperatura camerei 3 morcovi mari, feliati subtiri

2 catei de usturoi, tocati

4 pulpe de pui cu os, pe piele

1 lingurita sare

½ lingurita rozmarin uscat

¼ de lingurita piper negru proaspat macinat

2 linguri miere

1 cană bulion de pui sau bulion de legume

Roţi de lămâie, pentru servire

Directii:

1. Preîncălziţi cuptorul la 400°F. Se unge tava de copt cu unt.

2. Aranjați morcovii și usturoiul într-un singur strat pe tava de copt.

3. Puneți puiul, cu pielea în sus, deasupra legumelor și asezonați cu sare, rozmarin și piper.

4. Se pune mierea deasupra si se adauga bulionul.

5. Se prăjește în 40 până la 45 de minute. Scoateți, apoi lăsați-l să se odihnească timp de 5

minute, și serviți cu felii de lămâie.

<u>Informații nutriționale:</u>Calorii 428 Grăsimi totale: 28 g Carbohidrați totale: 15 g Zahăr: 11 g Fibre: 2 g Proteine: 30 g Sodiu: 732 mg

Porţii de chili de curcan: 8

Timp de gătire: 4 ore şi 10 minute

Ingrediente:

1 kilogram de curcan măcinat, de preferinţă slab 99%.

2 conserve de fasole roşie, clătită şi scursă (15 oz fiecare) 1 ardei roşu, tocat

2 cutii de sos de rosii (15 oz fiecare)

1 borcan de ardei jalapeno îmblânziţi tăiaţi felii, scurţi (16 oz) 2 conserve de roşii mici, tăiate cubuleţe (15 oz fiecare) 1 lingură de chimen

1 ardei galben, tocat grosier

2 conserve de fasole neagră, de preferinţă clătită şi scursă (15 oz fiecare) 1 cană de porumb, congelată

2 linguri praf de chili

1 lingura ulei de masline

Piper negru şi sare după gust

1 ceapă medie, tăiată cubuleţe

Ceapă verde, avocado, brânză mărunţită, iaurt grecesc/smântână, deasupra, opţional

Directii:

1. Încălziți uleiul până se încinge într-o tigaie mare. După ce este gata, puneți cu grijă curcanul în tigaia fierbinte și gătiți până devine maro. Turnați curcanul în fundul aragazului dvs. lent, de preferință 6 litri.

2. Adăugați jalapeños, porumb, ardei, ceapa, roșii tăiate cubulețe, sos de roșii, fasole, chimen și praf de chili. Se amestecă, apoi se pune piper și sare după gust.

3. Acoperiți și gătiți timp de 6 ore la foc mic sau 4 ore la foc mare.

Serviți cu toppingurile opționale și bucurați-vă.

<u>Informații nutriționale:</u>kcal 455 Grăsimi: 9 g Fibre: 19 g Proteine: 38 g

Supă de linte cu condimente Porții: 5

Timp de gătire: 25 de minute

Ingrediente:

1 cana de ceapa galbena (taiata cubulete)

1 cana de morcov (taiat cubulete)

1 cană de nap

2 linguri ulei de măsline extravirgin

2 linguri otet balsamic

4 căni de baby spanac

2 cani de linte maro

¼ cană de pătrunjel proaspăt

Directii:

1. Preîncălziți oala sub presiune la foc mediu și adăugați în ea ulei de măsline și legume.

2. După 5 minute, adăugați bulion, linte și sare în oală și fierbeți timp de 15 minute.

3. Scoateți capacul și adăugați în el spanacul și oțetul.

4. Amestecați supa timp de 5 minute și stingeți focul.

5. Ornează-l cu pătrunjel proaspăt.

<u>Informații nutriționale:</u>Calorii 96 Carbohidrați: 16 g Grăsimi: 1 g Proteine: 4 g

Porţii de pui şi legume cu usturoi: 4

Timp de gătire: 45 de minute

Ingrediente:

2 lingurite ulei de masline extravirgin

1 praz, doar partea albă, feliat subţire

2 dovlecei mari, tăiaţi în felii de ¼ inch

4 piept de pui cu os, pe piele

3 catei de usturoi, tocati

1 lingurita sare

1 lingurita oregano uscat

¼ de lingurita piper negru proaspat macinat

½ cană de vin alb

Suc de 1 lămâie

Directii:

1. Preîncălziţi cuptorul la 400°F. Ungeţi tava de copt cu ulei.

2. Pune prazul și dovlecelul pe tava de copt.

3. Puneți puiul, cu pielea în sus și stropiți cu usturoi, sare, oregano și piper. Adăugați vinul.

4. Se prăjește în 35 până la 40 de minute. Scoateți și lăsați să se odihnească timp de 5 minute.

5. Adăugați sucul de lămâie și serviți.

<u>Informații nutriționale:</u>Calorii 315 Grăsimi totale: 8 g Carbohidrați totale: 12 g Zahăr: 4 g Fibre: 2 g Proteine: 44 g Sodiu: 685 mg

Porții de salată de somon afumat: 4

Timp de preparare: 20 de minute

Ingrediente:

2 bulbi de fenicul pentru bebeluși, feliați subțiri, câteva frunze rezervate 1 lingură de capere pentru bebeluși sărate, clătite, scurse de apă ½ cană iaurt natural

2 linguri patrunjel, tocat

1 lingura suc de lamaie, proaspat stors

2 linguri de arpagic proaspăt, tocat

1 lingura tarhon proaspat tocat

180 g somon afumat feliat, cu putina sare

½ ceapă roșie, tăiată subțire

1 lingurita coaja de lamaie, rasa fin

½ cană linte verde franceză, clătită

60 g baby spanac proaspăt

½ avocado, feliat

Un praf de zahar tos

Directii:

1. Puneti apa intr-o cratita mare cu apa si fierbeti la foc moderat. Odată fiert; fierbeţi lintea până se înmoaie, timp de 20 de minute; se scurge bine.

2. Între timp, încălziţi în avans o tigaie cu grătar la foc mare.

Pulverizaţi feliile de fenicul cu puţin ulei şi gătiţi până se înmoaie, timp de 2 minute pe fiecare parte.

3. Procesaţi arpagicul, pătrunjelul, iaurtul, tarhonul, coaja de lămâie şi caperele într-un robot de bucătărie până la omogenizare completă şi apoi condimentaţi cu piper după gust.

4. Puneţi ceapa cu zahăr, sucul şi un praf de sare într-un castron mare. Se lasa deoparte cateva minute si apoi se scurge.

5. Combinaţi lintea cu ceapa, feniculul, avocado şi spanacul într-un castron mare. Împărţiţi uniform în farfurii şi apoi acoperiţi cu peşte. Se presară cu restul de frunze de fenicul şi mai mult pătrunjel proaspăt. Stropiţi cu dressingul zeiţei verde. Bucuraţi-vă.

<u>Informaţii nutriţionale:</u>kcal 368 Grăsimi: 14 g Fibre: 8 g Proteine: 20 g

Salată Shawarma cu fasole: 2

Timp de preparare: 20 de minute

Ingrediente:

Pentru prepararea salatei

20 chipsuri pita

5 uncii salată verde de primăvară

10 roșii cherry

¾ cană pătrunjel proaspăt

¼ cană ceapă roșie (toacă)

Pentru năut

1 lingura ulei de masline

1 Titlu-linguriță de chimen și turmeric

½ linguriță boia de ardei și pudră de coriandru 1 praf de piper negru

½ sare Kosher mică

¼ linguriță de ghimbir și scorțișoară pudră

Pentru prepararea pansamentului

3 catei de usturoi

1 lingura burghiu uscat

1 lingura suc de lamaie

Apă

½ cană de hummus

Directii:

1. Puneți un grătar în cuptorul deja preîncălzit (204C). Se amestecă năutul cu toate condimentele și ierburile.

2. Pune un strat subțire de năut pe foaia de copt și coace-l aproape 20 de minute. Coaceți-l până când fasolea devine maro aurie.

3. Pentru prepararea dressing-ului, amestecați toate ingredientele într-un bol și amestecați-l. Adăugați treptat apă pentru o netezime adecvată.

4. Amestecați toate ierburile și condimentele pentru prepararea salatei.

5. Pentru servire, adăugați chipsuri pita și fasole în salată și stropiți peste ea puțin dressing.

Informații nutriționale:Calorii 173 Carbohidrați: 8 g Grăsimi: 6 g Proteine: 19 g

Porţii de orez prăjit cu ananas: 4

Timp de preparare: 20 de minute

Ingrediente:

2 morcovi, curatati si rasi

2 cepe verde, feliate

3 linguri sos de soia

1/2 cană șuncă, tăiată cubulețe

1 lingura ulei de susan

2 căni de ananas conservat/proaspăt, tăiat cubulețe

1/2 lingurita pudra de ghimbir

3 căni de orez brun, fiert

1/4 lingurita piper alb

2 linguri ulei de masline

1/2 cană mazăre congelată

2 catei de usturoi, tocati

1/2 cană porumb congelat

1 ceapă, tăiată cubulețe

Directii:

1. Pune într-un castron 1 lingură ulei de susan, 3 linguri sos de soia, 2 vârfuri de piper alb și 1/2 linguriță pudră de ghimbir. Amesteca bine si tine-l deoparte.

2. Preîncălziți uleiul într-o tigaie. Adăugați usturoiul împreună cu ceapa tăiată cubulețe.

Gatiti aproximativ 3-4 minute, amestecand des.

3. Adăugați 1/2 cană de mazăre congelată, morcovii rasi și 1/2 cana de porumb congelat.

Amestecați până când legumele sunt fragede, doar pentru câteva minute.

4. Amestecați amestecul de sos de soia, 2 căni de ananas tăiat cubulețe, ½ cană de șuncă tocată, 3 căni de orez brun fiert și ceapă verde feliată.

Gatiti aproximativ 2-3 minute, amestecand des. Servi!

<u>Informații nutriționale:</u>252 calorii 12,8 g grăsimi 33 g carbohidrați totali 3 g proteine

Porții de supă de linte: 2

Timp de gătire: 30 de minute

Ingrediente:

2 morcovi, medii și tăiați cubulețe

2 linguri. Suc de lamaie, proaspat

1 lingura. Praf de turmeric

1/3 cană linte, fiartă

1 lingura. Migdale, tocate

1 tulpină de țelină, tăiată cubulețe

1 legatura de patrunjel, proaspat tocat

1 ceapa galbena, mare si tocata

Piper negru, proaspăt măcinat

1 pastarnac, mediu si tocat

½ linguriță. Chimen praf

3 ½ căni de apă

½ linguriță. Sare roz de Himalaya

4 frunze de kale, tocate grosier

Directii:

1. Pentru început, puneți morcovii, păstârnacul, o lingură de apă și ceapa într-o oală de mărime medie, la foc mediu.

2. Gatiti amestecul de legume timp de 5 minute in timp ce il amestecati ocazional.

3. Apoi, adăugați lintea și condimentele în ea. Combinați bine.

4. După aceea, turnați apă în oală și aduceți amestecul la fierbere.

5. Acum, reduceți focul la mic și lăsați-l să fiarbă 20

minute.

6. Opriți focul și scoateți-l de pe aragaz. Adăugați în ea varza kale, sucul de lămâie, pătrunjelul și sare.

7. Apoi, amestecați bine până când totul se îmbină.

8. Acoperiți-l cu migdale și serviți-l fierbinte.

Informații nutriționale:Calorii: 242 KcalProteine: 10 g Carbohidrați: 46 g Grăsimi: 4 g

Salată delicioasă cu ton: 2

Timp de preparare: 15 minute

Ingrediente:

2 conserve de ton ambalate în apă (5 oz fiecare), scurs ¼ de cană de maioneză

2 linguri busuioc proaspăt, tocat

1 lingura suc de lamaie, proaspat stors

2 linguri ardei rosii copti la foc, tocat ¼ cana kalamata sau masline amestecate, tocate

2 roșii mari coapte cu viță de vie

1 lingura capere

2 linguri ceapa rosie, tocata

Piper si sare dupa gust

Directii:

1. Adăugați toate articolele (cu excepția roșiilor) împreună într-un bol de amestecare de dimensiuni mari; amestecați bine ingredientele până se combină bine.

Tăiați roșiile în șase și apoi deschideți-o ușor. Puneți amestecul de salată de ton preparat în mijloc; serviți imediat și bucurați-vă.

<u>Informații nutriționale:</u>kcal 405 Grăsimi: 24 g Fibre: 3,2 g Proteine: 37 g

Aioli cu ouă porții: 12

Timp de preparare: 0 minute

Ingrediente:

2 galbenusuri de ou

1 usturoi, ras

2 linguri. apă

½ cană ulei de măsline extravirgin

¼ cană suc de lămâie, proaspăt stors, sâmburi îndepărtați ¼ linguriță. sare
de mare

Pudra de piper cayenne

Un praf de piper alb, dupa gust

Directii:

1. Turnați usturoiul, gălbenușurile de ou, sare și apă în blender; procesați
până la omogenizare. Se pune ulei de măsline într-un flux lent până când
dressingul se emulsionează.

2. Adăugați ingredientele rămase. Gust; ajustați condimentele dacă este
necesar.

Se toarnă într-un recipient ermetic; utilizați după cum este necesar.

<u>Informații nutriționale:</u>Calorii 100 Carbohidrați: 1 g Grăsimi: 11 g Proteine: 0 g

Paste spaghete cu sos de ciuperci ierburi

Ingrediente:

200 de grame/6,3 oz în jurul unei porții mari dintr-un pachet de spaghete subțiri de grâu *

140 grame ciuperci despicate curatate 12-15 bucati*

¼ cană smântână

3 căni de lapte

2 linguri de ulei de măsline pentru gătit în plus față de 2 lingurițe mai mult de ulei sau margarină lichefiată pentru a include la jumătatea drumului 1,5 linguri de făină

½ cană ceapă despicată

¼ până la ½ cană cheddar parmezan măcinat crocant

Câteva bucăți de piper închis

Sarat la gust

2 lingurite de cimbru uscat sau nou*

Buchet de frunze noi de busuioc sifonate

Directii:

1. Gatiti pastele inca oarecum tari asa cum este indicat de pachet.

2. În timp ce pastele se gătesc, ar trebui să începem să facem sosul.

3. Încălzește cele 3 căni de lapte la cuptorul cu microunde timp de 3 minute sau pe plită până la o tocană.

4. În același timp, încălziți 2 linguri de ulei într-un recipient antiaderent la foc mediu mare și gătiți ciupercile despicate. Gatiti aproximativ 2

minute.

5. Încă de la început ciupercile vor deversa puțină apă, apoi se vor evapora pe termen lung și devin proaspete fiecare.

6. În prezent, micșorați focul la mediu, includeți ceapa și gătiți timp de 1 moment.

7. Includeți în prezent 2 lingurițe de tartinat moale și presărați puțină făină.

8. Se amestecă timp de 20 de secunde.

9. Includeți amestecul de lapte cald în mod constant pentru a forma un sos neted.

10. Când sosul se îngroașă, adică merge la o tocană, stingeți focul.

11. Includeți în prezent ¼ de cană de cheddar de parmezan măcinat. Se amestecă până la omogenizare. Timp de 30 de secunde.

12. În prezent, includeți sare, piper și cimbru.

13. Dați o încercare. Modificați aroma dacă este necesar.

14. Între timp pastele ar trebui să fie barbotate încă oarecum tari.

15. Se strecoară apa caldă într-o strecurătoare. Țineți robinetul deschis și turnați apă rece pentru a opri gătirea, canalizați toată apa și aruncați-o cu sosul.

16. Dacă nu mâncați prompt, nu amestecați pastele în sos. Tine pastele separate, acoperite cu ulei si asigurate.

17. Serviți cald cu mai multă stropire de cheddar parmezan.

A aprecia!

Supă Miso De Orez Brun și Shitake Cu Cepă

Porții: 4

Timp de gătire: 45 de minute

Ingrediente:

2 linguri ulei de susan

1 cană capace de ciuperci shiitake feliate subțiri

1 cățel de usturoi, tocat

1 bucată (1½ inch) de ghimbir proaspăt, decojit și tăiat felii 1 cană de orez brun cu bob mediu

½ lingurita sare

1 lingura miso alb

2 ceai, feliați subțiri

2 linguri coriandru proaspăt tocat mărunt<u>Directii:</u>

1. Încălziți uleiul la foc mediu-mare într-o oală mare.

2. Adăugați ciupercile, usturoiul și ghimbirul și căleți până când ciupercile încep să se înmoaie aproximativ 5 minute.

3. Pune orezul și amestecă pentru a se îmbrăca uniform cu ulei. Adăugați 2 căni de apă și sare și fierbeți.

4. Se fierbe la foc mic în 30 până la 40 de minute. Utilizați puțin bulion de supă pentru a înmuia miso-ul, apoi amestecați-l în oală până se omogenizează bine.

5. Amestecați ceapa verde plus coriandru, apoi serviți.

<u>Informații nutriționale:</u>Calorii 265 Grăsimi totale: 8 g Carbohidrați totale: 43 g Zahăr: 2 g Fibre: 3 g Proteine: 5 g Sodiu: 456 mg

Păstrăv oceanic la grătar cu sos de usturoi şi pătrunjel

Porţii: 8

Timp de gătire: 25 de minute

Ingrediente:

3 ½ kg bucată de file de păstrăv, de preferinţă păstrăv de ocean, dezosat, cu piele

4 catei de usturoi, taiati felii subtiri

2 linguri capere, tocate grosier

½ cană frunze de pătrunjel cu frunze plate, proaspete

1 ardei iute roşu, de preferinţă lung; feliate subţire 2 linguri suc de lămâie, proaspăt stors ½ cană ulei de măsline

Roţi de lămâie, pentru a servi

Directii:

1. Ungeţi păstrăvul cu aproximativ 2 linguri de ulei; asiguraţi-vă că toate părţile sunt acoperite frumos. Preîncălziţi grătarul la foc mare, de preferinţă cu hota închisă. Reduceţi căldura la mediu; aşezaţi păstrăvul îmbrăcat pe

farfuria de grătar, de preferință pe partea de piele. Gătiți până când este parțial gătit și devine auriu, timp de câteva minute. Întoarceți cu grijă păstrăvul; gătiți până la fiert, timp de 12 până la 15 minute, cu hota închisă. Transferați fileul pe un platou de servire mare.

2. Intre timp se incinge uleiul ramas; usturoiul la foc mic într-o cratiță de dimensiuni mici până se încălzește; usturoiul începe să-și schimbe culoarea. Scoateți, apoi amestecați caperele, sucul de lămâie, chili.

Stropiți păstrăvul cu dressingul pregătit și apoi stropiți cu frunzele de pătrunjel proaspăt. Serviți imediat cu felii de lămâie proaspătă, bucurați-vă.

Informații nutriționale:kcal 170 Grăsimi: 30 g Fibre: 2 g Proteine: 37 g

Wraps cu conopidă și năut Ingrediente:

1 ghimbir proaspăt

2 catei de usturoi

1 conserve Naut

1 ceapa rosie

8 uncii Florețe de conopidă

1 lingurita Garam Masala

2 linguri de amidon de săgeată

1 Lămâie

1 pachet Cilantro Fresh

1/4 cană iaurt vegan

4 împachetări

3 linguri de nucă de cocos mărunțită

4 uncii Baby Spanac

1 lingura de ulei vegetal

1 lingurita Sare si Piper Dupa gust

Directii:

1. Preîncălziți aragazul la 400 °F (205 °C). Îndepărtați și tocați 1 linguriță de ghimbir. Tocați usturoiul. Canalizați și spălați năutul. Dezlipiți și tăiați puțin ceapa roșie. Împărțiți lămâia.

2. Acoperiți o foaie de încălzire cu 1 lingură ulei vegetal. Într-un castron enorm, consolidați ghimbirul tocat, usturoiul, sucul dintr-o porție mare de lămâie, năutul, ceapa roșie tăiată, buchețele de conopidă, garam masala, amidonul de săgeată și 1/2 linguriță de sare. Treceți pe foaia de pregătire și mâncarea în broiler până când conopida este delicată și sotă pe alocuri, aproximativ 20 până la 25 de minute.

3. Tăiați frunzele de coriandru și tulpinile delicate. Într-un castron mic, amestecați coriandrul, iaurtul, 1 lingură suc de lămâie și o pată de sare și piper.

4. Localizați carcasele cu folie și introduceți-le în aragaz pentru a se încălzi aproximativ 3 până la 4 minute.

5. Puneți puțină tigaie antiaderentă la căldură medie și includeți nuca de cocos distrusă. Pâine prăjită, scuturând vasul în mod obișnuit până când este gătit delicat, aproximativ 2 până la 3 minute.

6. Spanacul pentru sugari și legumele gătite se pun între împachetări calde. Așezați împachetările de năut cu conopidă pe farfurii enorme și stropiți cu sosul de coriandru. Presărați nucă de cocos prăjită

Supă cu tăiţei de hrişcă Porţii: 4

Timp de gătire: 25 de minute

Ingrediente:

2 cani de Bok Choy, tocat

3 linguri. Tamari

3 legături de fidea de hrişcă

2 căni de fasole Edamame

7 oz. Ciuperci Shiitake, tocate

4 căni de apă

1 lingura Ghimbir, ras

Strop de sare

1 căţel de usturoi, ras

Directii:

1. Mai întâi, puneți apa, ghimbirul, sosul de soia și usturoiul într-o oală de mărime medie la foc mediu.

2. Aduceți amestecul de sos de ghimbir-soia la fierbere și apoi amestecați edamame și shiitake.

3. Continuați să gătiți încă 7 minute sau până când se înmoaie.

4. În continuare, gătiți tăiței soba urmând Instrucțiunile: date în pachet până sunt gătiți. Se spala si se scurge bine.

5. Acum, adăugați bok choy la amestecul de shiitake și gătiți încă un minut sau până când bok choy se ofilește.

6. La final, împărțiți tăiței soba printre bolurile de servire și acoperiți-i cu amestecul de ciuperci.

Informații nutriționale:Calorii: 234 KcalProteine: 14,2 g Carbohidrați: 35,1 g Grăsimi: 4 g

Salată ușoară de somon: 1

Timp de preparare: 0 minute

Ingrediente:

1 cană de rucola organică

1 conserve de somon prins sălbatic

½ de avocado, feliat

1 lingura de ulei de masline

1 lingurita de mustar de Dijon

1 lingurita de sare de mare

Directii:

1. Începeți prin a amesteca uleiul de măsline, muștarul de Dijon și sarea de mare într-un castron pentru a face dressingul. Pus deoparte.

2. Asamblați salata cu rucola ca bază, și acoperiți cu somon și avocado feliat.

3. Stropiți cu dressing.

<u>Informații nutriționale:</u>Carbohidrați totale 7 g Fibre alimentare: 5 g Proteine: 48 g Grăsimi totale: 37 g Calorii: 553

Porții de supă de legume: 4

Timp de preparare: 40 de minute

Ingrediente:

1 lingura. Ulei de cocos

2 cesti de varza varza, tocata

2 tulpini de țelină, tăiate cubulețe

½ din 15 oz. conserva de fasole albă, scursă și clătită 1 ceapă, mare și tăiată cubulețe

¼ linguriță. Piper negru

1 morcov, mediu și tăiat cubulețe

2 cani de conopida, taiata buchetele

1 lingura Turmeric, măcinat

1 lingura Sare de mare

3 catei de usturoi, tocati

6 căni bulion de legume

Directii:

1. Pentru început, încălziți uleiul într-o oală mare la foc mediu-mic.

2. Amestecați ceapa în oală și căleți-o timp de 5 minute sau până se înmoaie.

3. Pune morcovul plus telina in oala si continua sa gatesti inca 4 minute sau pana cand legumele se inmoaie.

4. Acum, puneți cu lingură turmeric, usturoi și ghimbir în amestec. Amesteca bine.

5. Gătiți amestecul de legume timp de 1 minut sau până când este parfumat.

6. Apoi, turnați bulionul de legume împreună cu sare și piper și aduceți amestecul la fiert.

7. După ce începe să fiarbă, adăugați conopida. Reduceți focul și fierbeți amestecul de legume timp de 13 până la 15 minute sau până când conopida se înmoaie.

8. În cele din urmă, adăugați fasolea și varza kale - gătiți în 2 minute.

9. Serviți-l fierbinte.

<u>Informații nutriționale:</u>Calorii 192 Kcal Proteine: 12,6 g Carbohidrați: 24,6 g Grăsimi: 6,4 g

Porții de creveți cu lămâie și usturoi: 4

Timp de preparare: 15 minute

Ingrediente:

1 și ¼ de kilograme de creveți, fierți sau aburiți

3 linguri de usturoi, tocat

¼ cană suc de lămâie

2 linguri ulei de masline

¼ cană pătrunjel

Directii:

1. Luați o tigaie mică și puneți-o la foc mediu, adăugați usturoiul și uleiul și amestecați la fiert timp de 1 minut.

2. Adăugați pătrunjel, zeama de lămâie și asezonați corespunzător cu sare și piper.

3. Adăugați creveții într-un castron mare și transferați amestecul din tigaie peste creveți.

4. Se răcește și se servește.

<u>Informații nutriționale:</u>Calorii: 130 Grăsimi: 3 g Carbohidrați: 2 g Proteine: 22 g

Blt Spring Rolls Ingrediente:

salată verde nouă, bucăți rupte sau tăiate

tăieturi de avocado, discreționare

SOS DE SESAM-SOIA

1/4 cană sos de soia

1/4 cană apă rece

1 lingură de maioneză (discreționară, acest lucru face ca plonja să fie catifelată)

1 lingurita suc de lime nou

1 lingurita ulei de susan

1 linguriță sos sriracha sau orice sos iute (discreționar)<u>Directii:</u>

1. roșii medii (sămânțate și tăiate 1/4" grosime) 2. bucăți de slănină, gătită

3. busuioc nou, mentă sau diferite ierburi

4. hârtie de orez

Piept cu brânză albastră Porţii: 6

Timp de preparare: 8 ore. 10 minute

Ingrediente:

1 cană de apă

1/2 lingurita pasta de usturoi

1/4 cană sos de soia

1 ½ lb. piept de vită corned beef

1/3 lingurita coriandru macinat

1/4 lingurita cuisoare, macinate

1 lingura ulei de masline

1 şalotă, tocată

2 oz. brânză albastră, mărunţită

Spray de gatit

Directii:

1. Pune o tigaie la foc moderat şi adaugă ulei la căldură.

2. Adăugați eșalota și amestecați și gătiți timp de 5 minute.

3. Se amestecă pasta de usturoi și se fierbe timp de 1 minut.

4. Transferați-l în aragazul lent, uns cu spray de gătit.

5. Așezați pieptul în aceeași tigaie și prăjiți până devine auriu pe ambele părți.

6. Transferați carnea de vită în aragazul lent împreună cu alte ingrediente, cu excepția brânzei.

7. Puneți capacul și gătiți timp de 8 ore. la foc mic.

8. Se ornează cu brânză și se servește.

<u>Informații nutriționale:</u>Calorii 397, proteine 23,5 g, grăsimi 31,4 g, carbohidrați 3,9 g, fibre 0 g

Soba rece cu sos miso Ingrediente:

6 oz tăiței Soba de hrișcă

1/2 cană morcovi distruși

1 cană edamame solidificat decojit, decongelat 2 castraveți persani, tăiați

1 cană de coriandru tăiat

1/4 cană semințe de susan

2 linguri de susan închis

Dressing alb miso (realizează 2 căni)

2/3 cană de lipici miso alb

Suc de 2 lămâi de mărime medie

4 linguri otet de orez

4 linguri de ulei de măsline virgin suplimentar

4 linguri de portocale stors

2 linguri de ghimbir macinat nou

2 linguri sirop de artar

Directii:

1. Gătiți tăiței soba conform instrucțiunilor din pachet (luați grijă să nu le gătiți prea mult sau se vor lipi și vor rămâne împreună). Canalizați bine și treceți într-un castron enorm 2. Includeți morcovi distruși, edamame, castraveți, coriandru și semințe de susan

3. Pentru a configura pansamentul, consolidează fiecare dintre elementele de fixare într-un blender. Se amestecă până la omogenizare

4. Turnați cantitatea dorită de dressing peste tăiței (am folosit aproximativ o cană și jumătate)

Bucăți de conopidă de bivoliță la cuptor Porții: 2

Timp de preparare: 35 de minute

Ingrediente:

¼ de cană de apă

¼ de cană de făină de banane

Un praf de sare si piper

1 bucată conopidă medie, tăiată în bucăți mici ½ cană sos iute

2 linguri de unt, topit

Brânză albastră sau dressing ranch (opțional)

Directii:

1. Preîncălziți cuptorul la 425°F. Între timp, tapetați o tavă de copt cu folie.

2. Combinați apa, făina și un praf de sare și piper într-un castron mare.

3. Se amestecă bine până se combină bine.

4. Adăugați conopida; se amestecă pentru a acoperi bine.

5. Transferați amestecul în tava de copt. Coaceți 15 minute, răsturnând o dată.

6. În timpul coacerii, combinați sosul iute și untul într-un castron mic.

7. Turnați sosul peste conopida coaptă.

8. Introduceți conopida coaptă la cuptor și coaceți în continuare timp de 20 minute.

9. Serviți imediat cu un dressing ranch în lateral, dacă doriți.

<u>Informații nutriționale:</u>Calorii: 168 Cal Grăsimi: 5,6 g Proteine: 8,4 g Carbohidrati: 23,8 g Fibre: 2,8 g

Pui cu usturoi la cuptor cu busuioc şi roşii Porţii: 4

Timp de gătire: 30 de minute

Ingrediente:

½ ceapă galbenă medie

2 linguri ulei de măsline

3 catei de usturoi tocati

1 cană busuioc (tăiat lejer)

1.lb Piept de pui dezosat

14,5 uncii roşii italiene tocate

Sare piper

4 dovlecei medii (spiralizaţi în tăiţei) 1 lingură ardei roşu măcinat

2 linguri ulei de măsline

Directii:

1. Bateţi bucăţile de pui cu o tigaie pentru gătit rapid. Presăraţi sare, piper şi ulei pe bucăţile de pui şi marinaţi în mod egal ambele părţi ale puiului.

2. Prăjiți bucățile de pui pe o tigaie mare fierbinte timp de 2-3 minute pe fiecare parte.

3. Căleți ceapa în aceeași tigaie până se rumenește. Adăugați roșii, frunze de busuioc și usturoi în el.

4. Fierbeți-l timp de 3 minute și adăugați toate condimentele și puiul în tigaie.

5. Servește-l pe farfurie împreună cu zoodle-uri.

<u>Informații nutriționale:</u>Calorii 44 Carbohidrați: 7 g Grăsimi: 0 g Proteine: 2 g

Supă cremoasă de turmeric şi conopidă Porţii:

4

Timp de preparare: 15 minute

Ingrediente:

2 linguri ulei de masline extravirgin

1 praz, doar partea albă, feliat subţire

3 cesti buchetele de conopida

1 căţel de usturoi, decojit

1 (1¼ inch) bucată de ghimbir proaspăt, decojit şi tăiat felii 1½ linguriţă de turmeric

½ lingurita sare

¼ de lingurita piper negru proaspat macinat

¼ linguriţă de chimen măcinat

3 căni de bulion de legume

1 cană cu grăsime plină: lapte de cocos

¼ cană coriandru proaspăt tocat mărunt

Directii:

1. Încălziți uleiul la foc mare într-o oală mare.

2. Prăzește prazul în 3 până la 4 minute.

3. Puneți conopida, usturoiul, ghimbirul, turmericul, sare, piper și chimenul și căleți timp de 1 până la 2 minute.

4. Se pune bulionul și se fierbe.

5. Se fierbe în 5 minute.

6. Pasați supa în piure folosind un blender de imersie până la omogenizare.

7. Se amestecă laptele de cocos și coriandru, se încălzește și se servește.

Informații nutriționale:Calorii 264 Grăsimi totale: 23 g Carbohidrați totale: 12 g Zahăr: 5 g Fibre: 4 g Proteine: 7 g Sodiu: 900 mg

Orez brun cu ciuperci, varză și cartofi dulci

Porții: 4

Timp de preparare: 50 de minute

Ingrediente:

¼ cană ulei de măsline extravirgin

4 cesti frunze de varza taiata grosier

2 praz, doar părți albe, feliate subțiri

1 cană ciuperci feliate

2 catei de usturoi, tocati

2 cesti de cartofi dulci decojiti taiati cubulete de ½ inch 1 cana de orez brun

2 căni de bulion de legume

1 lingurita sare

¼ de lingurita piper negru proaspat macinat

¼ cană suc de lămâie proaspăt stors

2 linguri de patrunjel proaspat cu frunze plate tocat maruntDirectii:

1. Încinge uleiul la foc mare.

2. Adauga varza varza, prazul, ciupercile si usturoiul si se caleste pana se inmoaie, aproximativ 5 minute.

3. Adăugați cartofii dulci și orezul și puneți la sot aproximativ 3 minute.

4. Adăugați bulionul, sare și piper și fierbeți. Se fierbe în interval de 30 până la 40

minute.

5. Se amestecă în sucul de lămâie și pătrunjelul, apoi se servește.

Informații nutriționale:Calorii 425 Grăsimi: 15 g Carbohidrați totale: 65 g Zahăr: 6 g Fibre: 6 g Proteine: 11 g Sodiu: 1045 mg

Reteta de tilapia la cuptor cu topping de rozmarin pecan

Porții: 4

Timp de preparare: 20 de minute

Ingrediente:

4 file de tilapia (4 uncii fiecare)

½ linguriță zahăr brun sau zahăr din palmier de cocos 2 lingurițe rozmarin proaspăt, tocat

1/3 cană nuci pecan crude, tocate

Un praf de piper cayenne

1 ½ linguriță ulei de măsline

1 albus mare

1/8 lingurita sare

1/3 cană pesmet panko, de preferință grâu integral<u>Directii:</u>

1. Încălzește cuptorul la 350 F.

2. Amestecați nucile pecan cu pesmet, zahăr de palmier de cocos, rozmarin, piper cayenne și sare într-o tavă de copt de dimensiuni mici. Se adauga uleiul de masline; arunca.

3. Coaceți în 7 până la 8 minute, până când amestecul devine maro auriu deschis.

4. Reglați căldura la 400 F și ungeți o tavă de copt de sticlă de dimensiuni mari cu spray de gătit.

5. Bateți albușul în vasul puțin adânc. Lucrați în loturi; scufundați peștele (câte o tilapia o dată) în albușul de ou și apoi acoperiți ușor amestecul de nuci pecan. Puneți fileurile acoperite în tava de copt.

6. Apăsați amestecul rămas de nuci pecan peste fileurile de tilapia.

7. Coaceți în 8 până la 10 minute. Serviți imediat și bucurați-vă.

<u>Informații nutriționale:</u>kcal 222 Grăsimi: 10 g Fibre: 2 g Proteine: 27 g

Wrap cu tortilla cu fasole neagră Porții: 2

Timp de preparare: 0 minute

Ingrediente:

¼ cană de porumb

1 mână de busuioc proaspăt

½ cană de rucola

1 lingura de drojdie nutritiva

¼ cană de fasole neagră conservată

1 piersică, feliată

1 lingurita de suc de lamaie

2 tortilla fara gluten

Directii:

1. Împărțiți fasolea, porumbul, rucola și piersicile între cele două tortilla.

2. Acoperiți fiecare tortilla cu jumătate din busuioc proaspăt și suc de lămâieInformații nutriționale:Carbohidrați totale 44 g Fibre alimentare: 7 g Proteine: 8 g Grăsimi totale: 1 g Calorii: 203

Pui cu fasole albă cu legume verzi de iarnă

Porții: 8

Timp de gătire: 45 de minute

Ingrediente:

4 catei de usturoi

1 lingura ulei de masline

3 păstârnac mediu

1 kg cuburi mici de pui

1 lingurita chimen praf

2 scurgeri și 1 parte verde

2 morcovi (taiati cubulete)

1 ¼ fasole albă (înmuiată peste noapte)

½ linguriță de oregano uscat

2 lingurite sare Kosher

Frunze de coriandru

1 1/2 lingură ardei iute ancho măcinat

Directii:

1. Gatiti usturoiul, prazul, puiul si uleiul de masline intr-o oala mare la foc mediu timp de 5 minute.

2. Acum adăugați morcovii și păstârnacul, iar după ce am amestecat timp de 2 minute, adăugați toate ingredientele de condiment.

3. Amestecați până când parfumul începe să iasă din el.

4. Acum adăugați fasole și 5 căni de apă în oală.

5. Se aduce la fierbere și se reduce focul.

6. Se lasa sa fiarba aproape 30 de minute si se orneaza cu patrunjel si frunze de coriandru.

<u>Informații nutriționale:</u>Calorii 263 Carbohidrați: 24 g Grăsimi: 7 g Proteine: 26 g

Porții de somon copt cu ierburi: 2

Timp de preparare: 15 minute

Ingrediente:

10 oz. File de somon

1 lingura Ulei de masline

1 lingura Miere

1 lingura Tarhon, proaspăt

1/8 linguriță. Sare

2 lingurite Mustar Dijon

¼ linguriță. Cimbru, uscat

¼ linguriță. Oregano, uscat

Directii:

1. Preîncălziți cuptorul la 425 ˚ F.

2. După aceea, combinați toate ingredientele, cu excepția somonului, într-un bol de mărime medie.

3. Acum, turnați acest amestec uniform peste somon.

4. Apoi, asezati somonul cu pielea in jos pe tava tapetata cu hartie de copt.

5. La final, coaceți timp de 8 minute sau până când peștele se fulge.

<u>Informații nutriționale:</u>Calorii: 239 KcalProteine: 31 g Carbohidrați: 3 g
Grăsimi: 11 g

Salată de pui cu iaurt grecesc

Ingrediente:

Pui tocat

Mar verde

ceapa rosie

Țelină

Afine uscate

Directii:

1. Servirea de pui cu iaurt grecesc din verdeață este un lucru extraordinar de pregătit pentru prânz. Puteți să-l puneți într-un amestec artizanal și să mâncați doar atât sau îl puteți împacheta într-un compartiment de pregătire super cu mai multe legume, chipsuri și așa mai departe. Iată câteva recomandări de servire.

2. Pe un pic de pâine prăjită

3. Într-o tortilla cu salată verde

4. Cu chipsuri sau sare

5. În puțină salată verde cu gheață (alegerea cu conținut scăzut de carbohidrați!)

Salată de năut mărunțit

Ingrediente:

1 avocado

1/2 lămâie crocantă

1 cutie de năut sărăcit (19 oz)

1/4 cană ceapă roșie tăiată

2 cani de rosii struguri taiate

2 căni de castraveți tăiați cubulețe

1/2 cană pătrunjel crocant

3/4 cană ardei verde tăiat cubulețe

Îmbrăcarea

1/4 cană ulei de măsline

2 linguri otet de vin rosu

1/2 lingurita chimen

sare si piper

Directii:

1. Tăiați avocado în pătrate 3D și puneți-l într-un castron. Presați sucul de la 1/2 lămâie peste avocado și amestecați delicat pentru a se consolida.

2. Includeți porția rămasă de ingrediente mixte de verdeață și aruncați delicat pentru a se alătura.

3. Dați la frigider oricum cu o oră înainte de servire.

Porții de salată Valencia: 10

Timp de preparare: 0 minute

Ingrediente:

1 lingura Măsline Kalamata în ulei, fără sâmburi, scurse ușor, tăiate la jumătate, tăiate julien

1 cap, salata verde romana mica, clatita, uscata prin centrifugare, feliata in bucatele mari

½ bucată, eșalotă mică, tăiată juliană

1 lingura mustar Dijon

½ satsuma sau mandarină mică, numai pulpă

1 lingura otet de vin alb

1 lingura ulei de măsline extra virgin

1 praf de cimbru proaspat, tocat

Un praf de sare de mare

Un praf de piper negru, dupa gust

Directii:

1. Combinați oțetul, uleiul, cimbru proaspăt, sare, muștar, piper negru și miere, dacă folosiți. Se bate bine până când dressingul se emulsionează puțin.

2. Amestecați ingredientele rămase pentru salată într-un castron de salată.

3. Stropiți deasupra dressing-ul când este pe punctul de a servi. Serviți imediat cu 1 felie dacă pâine cu aluat fără zahăr sau cu sare.

<u>Informații nutriționale:</u>Calorii 238 Carbohidrați: 23 g Grăsimi: 15 g Proteine: 8 g

Porții de supă „Eat Your Greens": 4

Timp de preparare: 20 de minute

Ingrediente:

¼ cană ulei de măsline extravirgin

2 praz, doar părți albe, feliate subțiri

1 bulb de fenicul, tăiat și feliat subțire

1 cățel de usturoi, decojit

1 legătură de smog elvețian, tocată grosier

4 cesti de varza kale tocata grosier

4 cesti de verdeata de mustar tocata grosier

3 căni de bulion de legume

2 linguri otet de mere

1 lingurita sare

¼ de lingurita piper negru proaspat macinat

¼ cană caju tocate (opțional)

Directii:

1. Încălziți uleiul la foc mare într-o oală mare.

2. Adauga prazul, feniculul si usturoiul si se caleste pana se inmoaie, aproximativ 5 minute.

3. Adăugați mătgul elvețian, varza verde și verdeața de muștar și soțiți până când verdeața se ofilește, 2 până la 3 minute.

4. Se pune bulionul și se fierbe.

5. Se fierbe în 5 minute.

6. Adăugați oțetul, sarea, piperul și nucile de caju (dacă folosiți).

7. Pasați supa în piure folosind un blender de imersie până la omogenizare și serviți.

Informații nutriționale:Calorii 238 Grăsimi totale: 14 g Carbohidrați totale: 22 g Zahăr: 4 g Fibre: 6 g Proteine: 9 g Sodiu: 1294 mg

Somon Miso și fasole verde Porții: 4

Timp de gătire: 25 de minute

Ingrediente:

1 lingura ulei de susan

1 kilogram de fasole verde, tunsă

1 kg file de somon cu piele, tăiate în 4 fripturi ¼ cană miso alb

2 lingurițe tamari sau sos de soia fără gluten 2 ceai verde, feliați subțiri

Directii:

1. Preîncălziți cuptorul la 400°F. Ungeți tava de copt cu ulei.

2. Pune fasolea verde, apoi somonul peste fasolea verde si unge fiecare bucata cu miso.

3. Se prăjește în 20 până la 25 de minute.

4. Stropiți cu tamari, stropiți cu ceai și serviți.

Informații nutriționale:Calorii 213 Grăsimi totale: 7 g Carbohidrați totale: 13 g Zahăr: 3 g Fibre: 5 g Proteine: 27 g Sodiu: 989 mg

Porții de supă de praz, pui și spanac: 4

Timp de preparare: 15 minute

Ingrediente:

3 linguri de unt nesarat

2 praz, doar părți albe, feliate subțiri

4 căni de spanac baby

4 cesti supa de pui

1 lingurita sare

¼ de lingurita piper negru proaspat macinat

2 cani de pui de rotisor maruntit

1 lingură arpagic proaspăt feliat subțire

2 lingurite coaja de lamaie rasa sau tocata

Directii:

1. Se dizolvă untul la foc mare într-o oală mare.

2. Adăugați prazul și căleți până se înmoaie și începe să se rumenească, 3

la 5 minute.

3. Adăugați spanacul, bulionul, sare și piper și fierbeți.

4. Se fierbe la foc mic în 1 până la 2 minute.

5. Pune puiul și gătește-l în 1 până la 2 minute.

6. Stropiți cu arpagicul și coaja de lămâie și serviți.

<u>Informații nutriționale:</u>Calorii 256 Grăsimi totale: 12 g Carbohidrați totale: 9 g Zahăr: 3 g Fibre: 2 g Proteine: 27 g Sodiu: 1483 mg

Porții Bombe de ciocolată neagră: 24

Timp de gătire: 5 minute

Ingrediente:

1 cană smântână groasă

1 cana crema de branza inmuiata

1 lingurita esenta de vanilie

1/2 cană ciocolată neagră

2 oz. Stevia

Directii:

1. Topiți ciocolata într-un castron prin încălzire la cuptorul cu microunde.

2. Bateți restul ingredientelor într-un mixer până devin pufos, apoi amestecați ciocolata topită.

3. Amestecați bine, apoi împărțiți amestecul într-o tavă de brioșe tapetată cu cupe de brioșe.

4. Dați la frigider timp de 3 ore.

5. Serviți.

<u>Informații nutriționale:</u>Calorii 97 grăsimi 5 g, carbohidrați 1 g, proteine 1 g, fibre 0 g

Porții de ardei umpluți italieni: 6

Timp de preparare: 40 de minute

Ingrediente:

1 lingurita praf de usturoi

1/2 cană mozzarella, mărunțită

1 lb. carne macră tocată

1/2 cană parmezan

3 ardei gras, tăiați în jumătate pe lungime, tulpinile, semințele și coastele îndepărtate

1 pachet (10 oz.) spanac congelat

2 cani de sos marinara

1/2 lingurita sare

1 lingurita condimente italiene

Directii:

1. Acoperiți o foaie de copt tapetată cu folie cu spray antiaderent. Pune ardeii pe tava de copt.

2. Adăugați curcanul într-o tigaie antiaderentă și gătiți la foc mediu până când nu mai devine roz.

3. Când sunt aproape gătite, adăugați 2 căni de sos marinara și condimente—Gătiți aproximativ 8-10 minute.

4. Adăugați spanacul împreună cu 1/2 cană de parmezan. Se amestecă până se combină bine.

5. Adăugați jumătate de cană de amestec de carne în fiecare ardei și împărțiți brânza între toți - Preîncălziți cuptorul la 450 F.

6. Coaceți ardeii aproximativ 25-30 de minute. Se răcește și se servește.

<u>Informații nutriționale:</u>150 de calorii 2 g grăsimi 11 g carbohidrați totali 20 g proteine

Pastrav afumat invelit in salata verde portii: 4

Timp de gătire: 45 de minute

Ingrediente:

¼ cană de cartofi prăjiți cu sare

1 cană roșii struguri

½ cană frunze de busuioc

16 frunze de salata verde de marime mica si medie

1/3 cană chili dulce asiatic

2 morcovi

1/3 cană eșalotă (felii subțiri)

¼ de cană de jalapenos felii subțiri

1 lingura de zahar

2-4,5 uncii de păstrăv afumat fără piele

2 linguri suc proaspăt de lămâie

1 castravete

Directii:

1. Tăiați morcovii și castraveții în fâșii subțiri.

2. Marinați aceste legume timp de 20 de minute cu zahăr, sos de pește, suc de lămâie, eșalotă și jalapeno.

3. Adăugați bucăți de păstrăv și alte ierburi în acest amestec de legume și amestecați.

4. Se strecoară apa din amestecul de legume și păstrăv și se amestecă din nou.

5. Asezati frunze de salata verde pe o farfurie si transferati salata de pastrav pe ele.

6. Ornează această salată cu alune și sos chili.

<u>Informații nutriționale:</u>Calorii 180 Carbohidrați: 0 g Grăsimi: 12 g Proteine: 18 g

Ingrediente pentru salată de ouă deviled:

12 ouă enorme

1/4 cană ceapă verde mărunțită

1/2 cană țelină tăiată

1/2 cană de ardei rosu tocat

2 linguri muștar de Dijon

1/3 cană maioneză

1 lingura suc, vin alb sau otet de sherry 1/4 lingurita Tabasco sau alt sos iute (destul de mult dupa gust) 1/2 lingurita boia de ardei (destul de mult dupa gust) 1/2 lingurita piper inchis (destul de mult dupa gust) 1/4 lingurita sare (mai mult dupa gust)

Directii:

1. Încălziți ouăle tare: Cea mai simplă metodă de a face ouă cu barbotare tari, care nu sunt greu de îndepărtat, este să le aburiți.

Umpleți o tigaie cu 1 inch de apă și adăugați un coș de aburi. (În cazul în care nu aveți un buchet de aburi, este în regulă.) 2. Încălziți apa până la punctul de fierbere, puneți delicat ouăle în recipientul pentru aburi sau direct în tigaie. Întinde oala. Setează-ți ceasul pentru 15 minute. Evacuați ouăle și puneți-le în apă rece cu virusul să se răcească.

3. Pregătiți ouăle și legumele: Toați ouăle grosier și puneți-le într-un castron mare. Includeți ceapa verde, țelina și ardeiul roșu.

4. Faceți farfuria cu verdeață amestecată: într-un castron mic, combinați maiaua, muștarul, oțetul și Tabasco. Amestecați delicat sosul de maia în bol cu ouăle și legumele. Includeți boia de ardei și sare și piper închis. Schimbați condimentele după gust.

Pui la cuptor cu tamari de susan cu fasole verde

Porții: 4

Timp de gătire: 45 de minute

Ingrediente:

1 kilogram de fasole verde, tunsă

4 piept de pui cu os, pe piele

2 linguri miere

1 lingura ulei de susan

1 lingură tamari sau sos de soia fără gluten 1 cană bulion de pui sau legume

Directii:

1. Preîncălziți cuptorul la 400°F.

2. Aranjați fasolea verde pe o tavă mare de copt cu ramă.

3. Pune puiul, cu pielea în sus, deasupra fasolei.

4. Stropiți cu miere, ulei și tamari. Adăugați bulionul.

5. Prăjiți în 35 până la 40 de minute. Scoatem, lasam sa se odihneasca 5 minute si servim.

Informații nutriționale:Calorii 378 Grăsimi totale: 10 g Carbohidrați totale: 19 g Zahăr: 10 g Fibre: 4 g Proteine: 54 g Sodiu: 336 mg

Tocană de pui cu ghimbir Porții: 6

Timp de preparare: 20 de minute

Ingrediente:

¼ cană file de pulpă de pui, tăiat cubulețe

¼ cană tăiței cu ou fierte

1 papaya necoaptă, decojită, tăiată cubulețe

1 cană bulion de pui, cu conținut scăzut de sodiu, cu conținut scăzut de grăsimi

1 medalion de ghimbir, decojit, zdrobit

praf de ceapa liniuta

praf de usturoi, adăugați mai mult dacă doriți

1 cană de apă

1 lingura sos de pește

strop de piper alb

1 bucată, chili ochi de pasăre mic, tocat

Directii:

1. Puneți toată fixarea într-un cuptor mare olandez la foc mare. A fierbe.

Reduceți căldura la cea mai scăzută setare. Pune capacul.

2. Lăsați tocanita să se gătească timp de 20 de minute sau până când papaya este fragedă de furculiță.

Opriți căldura. Se consumă ca atare sau cu ½ cană de orez fiert. Serviți cald.

<u>Informații nutriționale:</u>Calorii 273 Carbohidrați: 15 g Grăsimi: 9 g Proteine: 33 g

Ingrediente pentru salata Garbano cremoasa:

Farfurie cu verdeață amestecată

2 borcane de 14 oz Naut

3/4 cană scuturi mici pentru morcovi

3/4 cană scuturi mici de țelină

3/4 cană Ardei gras Agitatoare mici

1 Scallion spart

1/4 cană ceapă roșie

1/2 avocado mare

6 oz tofu neted

1 lingura de otet de mere

1 lingura suc de lamaie

1 lingură muștar de Dijon

1 lingura de gust dulce

1/4 lingurita Boia Afumata

1/4 linguriță de semințe de țelină

1/4 lingurita piper negru

1/4 linguriță pudră de muştar

Sare de ocean după gust

Remedieri pentru sandviciuri

Pâine integrală cultivată

Tăiați roşiile rome

Unti salata verde

Directii:

1. Pregătiți-vă şi tăiați-vă morcovii, țelina, ardeiul chim, ceapa roşie şi ceapa verde şi puneți-vă într-un castron mic de amestecare. Puneți într-un loc sigur.

2. Folosind un mic blender submersibil sau un procesor de hrănire, amestecați avocado, tofu, oțet din suc de mere, sucul de lămâie şi muştar până la omogenizare.

3. Se strecoară şi se spală garbanzos şi se pune într-un castron mediu de amestecare. Cu un zdrobitor de cartofi sau cu o furculiță zdrobesc fasolea până când majoritatea sunt separate şi începe să ia după farfurie de peşte de verdeață amestecată. Nu aveți nevoie să fie netedă, oricât de finisată şi robustă. Se condimentează fasolea cu o pată de sare şi piper.

4. Includeți legumele despicate, crema de avocado-tofu și restul aromelor și savurați și amestecați bine. Gustați și modificați după cum indică înclinația dvs.

Taitei Morcovi Cu Sos De Arahide Lime Ghimbir

Ingrediente:

Pentru pastele cu morcovi:

5 morcovi uriași, dezbrăcați și tăiați julien sau tăiați în spirală în fâșii subțiri

1/3 cană (50 g) caju gătite

2 linguri coriandru nou, tocat fin

Pentru sosul de ghimbir-arahide:

2 linguri tartinat bogat de nuci

4 linguri lapte de cocos obisnuit

Stoarceți ardeiul cayenne

2 căței uriași de usturoi, tăiați mărunt

1 lingura de ghimbir nou, decapat si macinat 1 lingura de suc de lamaie

Sarat la gust

Directii:

1. Consolidați toate ingredientele pentru sos într-un castron mic și combinați până când sunt omogene și bogate și puneți într-un loc sigur în timp ce julienne/spiralizați morcovii.

2. Într-un castron mare de servire, aruncați fraged morcovii și sosul împreună până când sunt acoperiți în mod egal. Acoperiți cu caju (sau alune) la grătar și coriandru proaspăt tăiat.

Legume Prăjite Cu Cartofi Dulci și Fasole Albă

Porții: 4

Timp de gătire: 25 de minute

Ingrediente:

2 cartofi dulci mici, cubulete

½ ceapă roșie, tăiată cubulețe de ¼ inch

1 morcov mediu, decojit și tăiat felii subțiri

4 uncii de fasole verde, tăiată

¼ cană ulei de măsline extravirgin

1 lingurita sare

¼ de lingurita piper negru proaspat macinat

1 cutie (15½ uncii) de fasole albă, scursă și clătită 1 lingură tocată sau rasă coajă de lămâie

1 lingură mărar proaspăt tocat

Directii:

1. Preîncălziți cuptorul la 400°F.

2. Combinați cartofii dulci, ceapa, morcovul, fasolea verde, uleiul, sarea și piperul pe o tavă mare de copt cu ramă și amestecați pentru a se combina bine. Aranjați într-un singur strat.

3. Prăjiți până când legumele sunt fragede, 20 până la 25 de minute.

4. Adăugați fasolea albă, coaja de lămâie și mararul, amestecați bine și serviți.

<u>Informații nutriționale:</u>Calorii 315 Grăsimi totale: 13 g Carbohidrați totale: 42 g Zahăr: 5 g Fibre: 13 g Proteine: 10 g Sodiu: 632 mg

Porții de salată de varză: 1

Timp de preparare: 0 minute

Ingrediente:

1 cană de varză proaspătă

½ cană de afine

½ cană de cireșe fără sâmburi tăiate la jumătate

¼ cană de afine uscate

1 lingura de seminte de susan

2 linguri de ulei de măsline

Suc de 1 lămâie

Directii:

1. Combinați uleiul de măsline și sucul de lămâie, apoi aruncați varza în dressing.

2. Puneți frunzele de kale într-un castron de salată și acoperiți cu afine proaspete, cireșe și merișoare.

3. Acoperiți cu semințele de susan.

<u>Informații nutriționale:</u>Carbohidrați totale 48 g Fibre alimentare: 7 g

Proteine: 6 g Grăsimi totale: 33 g Calorii: 477

Porții de sticlă răcită cu nucă de cocos și alune:

1

Timp de gătire: 0 minute

Ingrediente:

½ cană lapte de migdale de cocos

¼ cana alune de padure, tocate

1 cană și jumătate de apă

1 pachet stevia

Directii:

1. Adăugați ingredientele enumerate în blender

2. Mixați până obțineți o textură netedă și cremoasă 3. Serviți rece și bucurați-vă!

Informații nutriționale:Calorii: 457 Grăsimi: 46 g Carbohidrați: 12 g Proteine: 7 g

Garbanzo rece și fasole de spanac Porții: 4

Timp de gătire: 0 minute

Ingrediente:

1 lingura ulei de masline

½ ceapă, tăiată cubulețe

10 uncii spanac, tocat

12 uncii de fasole garbanzo

½ lingurita de chimen

Directii:

1. Luați o tigaie și adăugați ulei de măsline, lăsați-l să se încălzească la foc mediu-mic 2. Adăugați ceapa, garbanzo și gătiți timp de 5 minute 3. Amestecați spanacul, chimenul, fasolea garbanzo și asezonați cu sare 4. Folosiți o lingură pentru a zdrobi blând

5. Gatiti bine pana se incalzeste, bucurati-va!

Informații nutriționale:Calorii: 90 Grăsimi: 4 g Carbohidrați: 11 g Proteine: 4 g

Frunze de taro în sos de nucă de cocos Porții: 5

Timp de preparare: 20 de minute

Ingrediente:

4 cesti frunze uscate de taro

2 cutii de crema de cocos, impartite

¼ cană carne de porc măcinată, 90% slabă

1 lingura pasta de creveti

1 chili ochi de pasăre, tocat

Directii:

1. Cu excepția unei cutii de cremă de nucă de cocos, puneți toate ingredientele într-un crockpot la o temperatură medie. Capac sigur. Gătiți netulburat timp de 3 până la 3 ore și jumătate.

2. Turnați conserva rămasă de cremă de cocos înainte de a opri focul. Se amestecă și se servește.

Informații nutriționale:Calorii 264 Carbohidrați: 8 g Grăsimi: 24 g Proteine: 4 g

Porții de tofu și verdeață prăjită: 4

Timp de preparare: 20 de minute

Ingrediente:

3 cesti baby spanac sau varza kale

1 lingura ulei de susan

1 lingura de ghimbir, tocat

1 cățel de usturoi, tocat

1 kilogram de tofu ferm, tăiat cubulețe de 1 inch

1 lingură tamari sau sos de soia fără gluten ¼ de linguriță fulgi de ardei roșu (opțional)

1 lingurita otet de orez

2 ceai, feliați subțiri

Directii:

1. Preîncălziți cuptorul la 400°F.

2. Combinați spanacul, uleiul, ghimbirul și usturoiul pe o tavă mare de copt cu ramă.

3. Coaceți până când spanacul se ofilește, 3 până la 5 minute.

4. Adăugați tofu, tamari și fulgii de ardei roșu (dacă folosiți) și amestecați pentru a se combina bine.

5. Coaceți până când tofuul începe să se rumenească, 10 până la 15 minute.

6. Acoperiți cu oțet și ceai și serviți.

<u>Informații nutriționale:</u>Calorii 121 Grăsimi totale: 8 g Carbohidrați totale: 4 g Zahăr: 1 g Fibre: 2 g Proteine: 10 g Sodiu: 258 mg

Broccoli condimentat, conopidă și tofu cu ceapă roșie

Porții: 2

Timp de gătire: 25 de minute

Ingrediente:

2 cesti buchetele de broccoli

2 cesti buchetele de conopida

1 ceapă roșie medie, tăiată cubulețe

3 linguri ulei de măsline extravirgin

1 lingurita sare

¼ de lingurita piper negru proaspat macinat

1 kilogram de tofu ferm, tăiat cubulețe de 1 inch

1 cățel de usturoi, tocat

1 (¼ inch) bucată de ghimbir proaspăt, tocat

Directii:

1. Preîncălziți cuptorul la 400°F.

2. Combinați broccoli, conopida, ceapa, uleiul, sarea și piperul pe o tavă mare de copt cu ramă și amestecați bine.

3. Prăjiți până când legumele s-au înmuiat, 10 până la 15 minute.

4. Adăugați tofu, usturoiul și ghimbirul. Se prăjește în 10 minute.

5. Amesteca usor ingredientele pe foaia de copt pentru a combina tofu cu legumele si serveste.

<u>Informații nutriționale:</u>Calorii 210 Grăsimi totale: 15 g Carbohidrați totale: 11 g Zahăr: 4 g Fibre: 4 g Proteine: 12 g Sodiu: 626 mg

Porții în tigaie cu fasole și somon: 4

Timp de gătire: 25 de minute

Ingrediente:

1 cana de fasole neagra conservata, scursa si clatita 4 catei de usturoi, tocati

1 ceapa galbena, tocata

2 linguri ulei de masline

4 fileuri de somon, dezosate

½ lingurita coriandru, macinat

1 lingurita pudra de turmeric

2 roșii, tăiate cubulețe

½ cană bulion de pui

Un praf de sare si piper negru

½ linguriță de semințe de chimen

1 lingura arpagic, tocat

Directii:

1. Se incinge o tigaie cu ulei la foc mediu, se adauga ceapa si usturoiul si se calesc 5 minute.

2. Adăugați peștele și prăjiți-l timp de 2 minute pe fiecare parte.

3. Adăugați fasolea și celelalte ingrediente, amestecați ușor și gătiți încă 10 minute.

4. Împărțiți amestecul în farfurii și serviți imediat la prânz.

<u>Informații nutriționale:</u>calorii 219, grăsimi 8, fibre 8, carbohidrați 12, proteine 8

Porţii de supă de morcovi: 4

Timp de preparare: 40 de minute

Ingrediente:

1 cană Butternut Squash, tocat

1 lingura. Ulei de masline

1 lingura. Praf de turmeric

14 ½ oz. Lapte de cocos, usor

3 cani Morcov, tocat

1 praz, clătit şi feliat

1 lingura. Ghimbir, ras

3 căni de bulion de legume

1 cană Fenicul, tocat

Sare & Piper, dupa gust

2 catei de usturoi, tocati

Directii:

1. Începeți prin a încălzi un cuptor olandez la foc mediu-mare.

2. La aceasta, puneți uleiul cu lingură și apoi adăugați fenicul, dovleceii, morcovii și prazul. Amesteca bine.

3. Acum, căleți-l timp de 4 până la 5 minute sau până se înmoaie.

4. Apoi, adăugați turmeric, ghimbir, piper și usturoi. Gatiti inca 1-2 minute.

5. Apoi, turnați în el bulionul și laptele de cocos. Combinați bine.

6. După aceea, aduceți amestecul la fierbere și acoperiți cuptorul olandez.

7. Lăsați-l să fiarbă timp de 20 de minute.

8. Odată gătit, transferați amestecul într-un blender de mare viteză și amestecați timp de 1 până la 2 minute sau până când obțineți o supă cremoasă și fină.

9. Verificați condimentele și adăugați mai multă sare și piper dacă este necesar.

<u>Informații nutriționale:</u>Calorii: 210,4 KcalProteine: 2,11 g Carbohidrați: 25,64 g Grăsimi: 10,91 g

Porții de salată de paste sănătoase: 6

Timp de preparare: 10 minute

Ingrediente:

1 pachet de paste fusilli fără gluten

1 cană de roșii struguri, feliate

1 mână de coriandru proaspăt, tocat

1 cană de măsline, tăiate la jumătate

1 cană de busuioc proaspăt, tocat

½ cană de ulei de măsline

Sare de mare dupa gust

Directii:

1. Se amestecă uleiul de măsline, busuiocul tocat, coriandru și sarea de mare.

Pus deoparte.

2. Gatiti pastele conform instructiunilor de pe ambalaj, strecurati si clatiti.

3. Combina pastele cu rosiile si maslinele.

4. Adăugați amestecul de ulei de măsline și amestecați până se omogenizează bine.

<u>Informații nutriționale:</u>Carbohidrați totale 66 g Fibre alimentare: 5 g Proteine: 13 g Grăsimi totale: 23 g Calorii: 525

Curry cu năut Porții: 4 până la 6

Timp de gătire: 25 de minute

Ingrediente:

2 × 15 oz. Naut, spalat, scurs si fiert 2 linguri. Ulei de masline

1 lingura. Praf de turmeric

½ din 1 ceapă, tăiată cubulețe

1 lingura Cayenne, împământat

4 catei de usturoi, tocati

2 lingurite Pudra de chili

15 oz. Piure de tomate

Piper negru, la nevoie

2 linguri. Pasta de tomate

1 lingura Cayenne, împământat

½ linguriță. Sirop din esență de arțar

½ din 15 oz. cutie de lapte de cocos

2 lingurite Chimen, măcinat

2 lingurite Boia afumată

Directii:

1. Încinge o tigaie mare la foc mediu-înalt. Pentru aceasta, puneți cu lingură uleiul.

2. Odată ce uleiul devine fierbinte, amestecați ceapa și gătiți timp de 3 până la 4

minute sau până se înmoaie.

3. Apoi, puneți pasta de roșii, siropul de arțar, toate condimentele, piureul de roșii și usturoiul. Amesteca bine.

4. Apoi, adăugați năutul fiert împreună cu lapte de cocos, piper negru și sare.

5. Acum, amestecați totul bine și lăsați-l să fiarbă timp de 8 până la 10

minute sau până se îngroașă.

6. Stropiți peste el suc de lămâie și ornați cu coriandru, dacă doriți.

Informații nutriționale:Calorii: 224 KcalProteine: 15,2 g Carbohidrați: 32,4 g Grăsimi: 7,5 g

Carne tocata Stroganoff Ingrediente:

1 kg de carne macră tocată

1 ceapa mica taiata cubulete

1 catel de usturoi tocat

3/4 lb ciuperci noi tăiate

3 linguri de faina

2 cani de supa de carne

sare si piper dupa gust

2 lingurite sos Worcestershire

3/4 cană smântână ascuțită

2 linguri patrunjel nou

Directii:

1. Hamburger măcinat de culoare închisă, ceapă și usturoi (făcând efort să nu se despartă ceva deasupra) într-un vas până nu rămâne roz. Canal de grăsime.

2. Includeți ciupercile tăiate și gătiți 2-3 minute. Amestecați făina și gătiți 1 minut progresiv.

3. Includeți bulionul, sosul Worcestershire, sare și piper și încălziți până la punctul de fierbere. Reduceți căldura și fierbeți la minim 10 minute.

Gătiți tăițeii cu ou, așa cum este indicat de titlurile pachetelor.

4. Scoateți amestecul de carne de la căldură, amestecați cu smântână tăioasă și pătrunjel.

5. Serviți peste tăiței cu ou.

Porții de coaste scurte: 4

Timp de gătire: 65 de minute

Ingrediente:

2 lbs. coaste scurte de vită

1 ½ linguriță ulei de măsline

1 ½ linguriță sos de soia

1 lingura sos Worcestershire

1 lingura stevia

1 ¼ cană ceapă tocată.

1 lingurita usturoi tocat

1/2 cană vin roșu

⅓ cană de ketchup, fără zahăr

Sare si piper negru dupa gust

Directii:

1. Taiati coastele in 3 segmente si frecati-le cu piper negru si sare.

2. Adăugați ulei în oala instant și apăsați Saute.

3. Puneți coastele în ulei și prăjiți timp de 5 minute pe fiecare parte.

4. Se amestecă ceapa și se călește timp de 4 minute.

5. Se amestecă usturoiul și se fierbe timp de 1 minut.

6. Bateți restul ingredientelor într-un castron și turnați peste coaste.

7. Puneți capacul de presiune și gătiți timp de 55 de minute în modul Manual la presiune înaltă.

8. Odată gata, eliberați presiunea în mod natural apoi îndepărtați capacul.

9. Serviți cald.

<u>Informații nutriționale:</u>Calorii 555, carbohidrați 12,8 g, proteine 66,7 g, grăsimi 22,3 g, fibre 0,9 g

Supă de pui şi tăiţei fără gluten: 4

Timp de gătire: 25 de minute

Ingrediente:

¼ cană ulei de măsline extravirgin

3 tulpini de ţelină, tăiate în felii de ¼ inch

2 morcovi medii, tăiaţi cubuleţe de ¼ inch

1 ceapă mică, tăiată cubuleţe de ¼ inch

1 crenguţă de rozmarin proaspăt

4 cesti supa de pui

8 uncii penne fără gluten

1 lingurita sare

¼ de lingurita piper negru proaspat macinat

2 cani de pui rotisor taiat cubulete

¼ de cană de pătrunjel proaspăt tocat mărunt<u>Directii:</u>

1. Încălziţi uleiul la foc mare într-o oală mare.

2. Puneți țelina, morcovii, ceapa și rozmarinul și căleți până se înmoaie, 5 până la 7 minute.

3. Adăugați bulionul, penne, sare și piper și fierbeți.

4. Fierbeți și gătiți până când penne-ul este fraged, 8 până la 10 minute.

5. Scoateți și aruncați crenguța de rozmarin și adăugați puiul și pătrunjelul.

6. Reduceți căldura la minim. Gatiti in 5 minute si serviti.

Informații nutriționale:Calorii 485 Grăsimi totale: 18 g Carbohidrați totale: 47 g Zahăr: 4 g Fibre: 7 g Proteine: 33 g Sodiu: 1423 mg

Porții de curry de linte: 4

Timp de preparare: 40 de minute

Ingrediente:

2 lingurite Seminţe de muştar

1 lingura Turmeric, măcinat

1 cană de linte, înmuiată

2 lingurite Seminţe de chimen

1 roşie, mare şi tocată

1 ceapă galbenă, tăiată mărunt

4 căni de apă

Sare de mare, la nevoie

2 morcovi, tăiaţi în semiluni

3 pumni de frunze de spanac, maruntite

1 lingura Ghimbir, tocat

½ linguriţă. Pudra de chili

2 linguri. Ulei de cocos

Directii:

1. Mai întâi, puneți fasolea mung și apa într-o cratiță adâncă la foc mediu-mare.

2. Acum, aduceți amestecul de fasole la fiert și lăsați-l să fiarbă.

3. Se fierbe la foc mic în 20 până la 30 de minute sau până când fasolea mung se înmoaie.

4. Apoi, încălziți uleiul de cocos într-o cratiță mare la foc mediu și amestecați semințele de muștar și semințele de chimen.

5. Dacă semințele de muștar apar, puneți ceapa. Se caleste ceapa pentru 4 minute sau până s-au înmuiat.

6. Puneti usturoiul si continuati sa caliti inca 1 minut.

Odată ce este aromat, puneți cu lingură turmeric și pudra de chili.

7. Apoi, adăugați morcovul și roșia—Gătiți timp de 6 minute sau până se înmoaie.

8. La sfârșit, adăugați lintea fiartă și amestecați bine totul.

9. Se amestecă frunzele de spanac și se călesc până se ofilesc. Se ia de pe foc. Serviți-l cald și bucurați-vă.

Calorii 290 Kcal Proteine: 14 g Carbohidraţi: 43 g Grăsimi: 8 g

Pui şi mazăre snap Porţii: 4

Timp de preparare: 10 minute

Ingrediente:

1 ¼ cani de piept de pui dezosat, fara piele, feliat subtire 3 linguri de coriandru proaspat, tocat

2 linguri ulei vegetal

2 linguri de seminte de susan

1 legătură de ceai verde, tăiaţi subţiri

2 linguriţe Sriracha

2 catei de usturoi, tocati

2 linguri otet de orez

1 ardei gras, feliat subţire

3 linguri sos de soia

2½ căni de mazăre

Sarat la gust

Piper negru proaspăt măcinat, după gust

Directii:

1. Încălziți uleiul într-o tigaie la foc mediu. Adauga usturoiul si ceapa taiata felii subtiri. Gatiti timp de un minut si apoi adaugati 2 ½ cani de mazare snap impreuna cu ardei gras. Gatiti pana se inmoaie, doar aproximativ 3-4 minute.

2. Adăugați puiul și gătiți aproximativ 4-5 minute, sau până când este bine gătit.

3. Adăugați 2 lingurițe Sriracha, 2 linguri de semințe de susan, 3

linguri de sos de soia și 2 linguri de oțet de orez. Aruncă totul până se combină bine. Se fierbe la foc mic în 2-3 minute.

4. Adăugați 3 linguri de coriandru tocat și amestecați bine. Transferați și stropiți cu semințe de susan și coriandru, dacă este necesar. Bucurați-vă!

<u>Informații nutriționale:</u>228 calorii 11 g grăsimi 11 g carbohidrați totali 20 g proteine

Broccolini suculent cu migdale hamsii Portii: 6

Timp de preparare: 10 minute

Ingrediente:

2 legături de broccolini, tăiate

1 lingura ulei de masline extravirgin

1 ardei iute roșu proaspăt lung, fără seminţe, tocaţi mărunt 2 căţei de usturoi, tăiaţi subţiri

¼ cana migdale naturale, tocate grosier

2 lingurite coaja de lamaie, rasa fin

Un strop de suc de lamaie, proaspat

4 hamsii in ulei, tocate

Directii:

1. Se încălzeşte uleiul până se încinge într-o cratiţă mare. Adăugaţi anşoa scursă, usturoiul, chili şi coaja de lămâie. Gatiti pana devine aromat, timp de 30

secunde, amestecând frecvent. Adăugați migdalele și continuați să gătiți încă un minut, amestecând des. Luați de pe foc și adăugați un strop de suc proaspăt de lămâie.

2. Apoi puneți broccolini într-un coș de aburi pus peste o cratiță cu apă clocotită. Acoperiți și gătiți până devine crocant, pentru 2

la 3 minute. Scurgeți bine și apoi transferați pe o farfurie mare de servire. Acoperiți cu amestecul de migdale. Bucurați-vă.

<u>Informații nutriționale:</u>kcal 350 Grăsimi: 7 g Fibre: 3 g Proteine: 6 g

Porții de shiitake și spanac: 8

Timp de preparare: 15 minute

Ingrediente:

1 ½ cană de ciuperci shiitake, tocate

1 ½ cană de spanac, tocat

3 catei de usturoi, tocati

2 cepe, tocate

4 lingurite ulei de masline

1 ou

1 ½ cană de quinoa, fiartă

1 ½ linguriță. condimente italienesti

1/3 cană semințe de floarea soarelui prăjite, măcinate

1/3 cană brânză Pecorino, rasă

Directii:

1. Încinge ulei de măsline într-o cratiță. Odată fierbinte, prăjiți ciupercile shiitake timp de 3 minute sau până se prăjesc ușor. Adăugați usturoiul și

ceapa. Se caleste timp de 2 minute sau pana cand este parfumat si translucid. Pus deoparte.

2. În aceeași cratiță, încălziți uleiul de măsline rămas. Adăugați spanac. Reduceți focul, apoi fierbeți timp de 1 minut, scurgeți și transferați într-o strecurătoare.

3. Tocați spanacul mărunt și adăugați-l în amestecul de ciuperci. Adăugați oul în amestecul de spanac. Încorporați quinoa fiartă - condimentați cu condimente italiene, apoi amestecați până se combină bine. Presarati seminte de floarea soarelui si branza.

4. Împărțiți amestecul de spanac în chifteluțe—Gătiți chiftele în maximum 5 minute sau până când sunt ferm și aurii. Serviți cu pâine de burger.

<u>Informații nutriționale:</u>Calorii 43 Carbohidrați: 9 g Grăsimi: 0 g Proteine: 3 g

Salată de broccoli și conopidă Porții: 6

Timp de preparare: 20 de minute

Ingrediente:

¼ linguriță. Piper negru, măcinat

3 căni Florețe de conopidă

1 lingura. Oțet

1 lingura Miere

8 cesti de varza varza, tocata

3 căni de flori de broccoli

4 linguri. Ulei de măsline extra virgin

½ linguriță. Sare

1 ½ linguriță. Mustar Dijon

1 lingura Miere

½ cană de cireșe, uscate

1/3 cană nuci pecan, tocate

1 cană brânză Manchego, ras

Directii:

1. Preîncălziți cuptorul la 450 ° F și puneți o foaie de copt în grătarul din mijloc.

2. După aceea, puneți conopida și buchețelele de broccoli într-un castron mare.

3. La aceasta se pune jumatate de sare, doua linguri de ulei si piper. Aruncă bine.

4. Acum, transferați amestecul pe foaia preîncălzită și coaceți-l timp de 12 minute în timp ce îl răsturnați o dată între ele.

5. Odată ce devine fraged și auriu, scoateți-l din cuptor și lăsați-l să se răcească complet.

6. Între timp, amestecați cele două linguri rămase de ulei, oțet, miere, muștar și sare într-un alt castron.

7. Ungeți acest amestec peste frunzele de varză trimițând frunzele cu mâinile. Pune-l deoparte timp de 3 până la 5 minute.

8. În cele din urmă, adăugați legumele prăjite, brânza, cireșele și nucile pecan în salata de broccoli-conopidă.

<u>Informații nutriționale:</u>Calorii: 259 KcalProteine: 8,4 g Carbohidrați: 23,2 g Grăsimi: 16,3 g

Salată de pui cu atingere chinezească Porții: 3

Timp de gătire: 25 de minute

Ingrediente:

1 ceapă verde medie (tăiată subțire)

2 piept de pui dezosat

2 linguri sos de soia

¼ lingurita piper alb

1 lingura ulei de susan

4 cesti salata romana (tocata)

1 cană de varză (mărunțită)

¼ cană cuburi mici morcovi

¼ de cană de migdale felii subțiri

¼ cană tăiței (doar pentru servire)

Pentru prepararea dressingului chinezesc:

1 cățel de usturoi tocat

1 lingurita sos de soia

1 lingura ulei de susan

2 linguri otet de orez

1 lingura de zahar

Directii:

1. Pregătiți dressing chinezesc amestecând toate ingredientele într-un castron.

2. Într-un castron, marinați pieptul de pui cu usturoi, ulei de măsline, sos de soia și piper alb timp de 20 de minute.

3. Puneți tava de copt în cuptorul preîncălzit (la 225C).

4. Pune pieptul de pui în tava de copt și coace-l aproape 20

minute.

5. Pentru asamblarea salatei combinati salata romana, varza, morcovii si ceapa verde.

6. Pentru servire, pune o bucată de pui într-o farfurie și deasupra ei salată. Turnați niște dressing peste el, alături de tăiței.

<u>Informații nutriționale:</u>Calorii 130 Carbohidrați: 10 g Grăsimi: 6 g Proteine: 10 g

Ardei umpluți cu amarant și quinoa Porții: 4

Timp de gătire: 1 oră și 10 minute

Ingrediente:

2 linguri Amarant

1 dovlecel mediu, tăiat, ras

2 roșii coapte cu viță de vie, tăiate cubulețe

2/3 cană (aproximativ 135 g) quinoa

1 ceapa, de marime medie, tocata marunt

2 catei de usturoi macinati

1 lingurita chimen macinat

2 linguri seminte de floarea soarelui prajite usor 75g branza ricotta, proaspata

2 linguri coacaze

4 ardei capia, mari, tăiate în jumătate pe lungime și fără semințe 2 linguri de pătrunjel cu frunze plate, tocate grosier<u>Directii:</u>

1. Tapetați o tavă de copt, de preferință de dimensiuni mari, cu puțină hârtie de copt (antiaderență) și apoi preîncălziți cuptorul la 350 F în avans.

Umpleți o cratiță de mărime medie cu aproximativ jumătate de litru de apă și apoi adăugați amarantul și quinoa; se aduce la fierbere la foc moderat. Odată gata, reduceți căldura la mic; acoperiți și lăsați să fiarbă până când boabele devin al dente și se absoarbe apa, timp de 12 până la 15

minute. Se ia de pe foc si se da deoparte.

2. Între timp, ungeți ușor o tigaie de dimensiuni mari cu ulei și încălziți-o la foc mediu. Odată fierbinte, adăugați ceapa cu dovlecel și gătiți până se înmoaie, timp de câteva minute, amestecând des. Adăugați chimenul și usturoiul; gatiti un minut. Se ia de pe foc si se lasa deoparte sa se raceasca.

3. Puneți boabele, amestecul de ceapă, semințele de floarea soarelui, coacăzele, pătrunjelul, ricotta și roșiile într-un castron, de preferință de dimensiuni mari; amestecați bine ingredientele până se combină bine - condimentați cu piper și sare după gust.

4. Umpleți ardeiele cu amestecul de quinoa pregătit și aranjați-le pe tavă, acoperind tava cu folie de aluminiu—Coaceți timp de 17 până la 20

minute. Scoateți folia și coaceți până când umplutura devine aurie și legumele devin fragede în furculiță, pentru încă 15 până la 20 de minute.

<u>Informații nutriționale:</u>kcal 200 Grăsimi: 8,5 g Fibre: 8 g Proteine: 15 g

File de peşte crocant cu crustă de brânză Porţii:

4

Timp de preparare: 10 minute

Ingrediente:

¼ de cană de pesmet de grâu integral

¼ de cană de parmezan, ras

¼ linguriţă sare de mare ¼ linguriţă piper măcinat

1-linguriţă. ulei de măsline 4 buc file de tilapia

Directii:

1. Preîncălziţi cuptorul la 375°F.

2. Amestecaţi pesmetul, parmezanul, sarea, piperul şi uleiul de măsline într-un castron.

3. Amestecaţi bine până se omogenizează bine.

4. Acoperiţi fileurile cu amestecul şi puneţi-le pe fiecare pe o tavă de copt uşor pulverizată.

5. Pune foaia la cuptor.

6. Coaceți timp de 10 minute până când fileurile se gătesc și devin maronii.

<u>Informații nutriționale:</u>Calorii: 255 Grăsimi: 7 g Proteine: 15,9 g

Carbohidrati: 34 g Fibre: 2,6 g

Fasole Proteină Power şi Coji Verzi Umplute

Ingrediente:

Sare autentică sau de ocean

Ulei de masline

12 oz. pachet de scoici de mărime (aproximativ 40) 1 lb. spanac despicat solidificat

2 până la 3 căţei de usturoi, despuiaţi şi împărţiţi

15 până la 16 oz. cheddar ricotta (ideal cu grăsime integrală/lapte întreg) 2 ouă

1 cutie de fasole albă, (de exemplu, cannellini), sărăcită şi spălată

½ C pesto verde, la comandă sau achiziţionat local Piper închis măcinat

3 C (sau mai mult) sos marinara

parmezan macinat sau cheddar pecorino (discreţionar)<u>Directii:</u>

1. Încălziţi în orice caz 5 litri de apă până la punctul de a fierbe într-o oală enormă (sau lucraţi în două bucăţi mai mici). Includeţi o lingură de sare, un strop de ulei de măsline şi cojile. Barbotaţi în jur de 9 minute (sau până când este extrem de încă oarecum ferm), amestecând sporadic pentru a păstra cojile izolate. Canalizează cu tandreţe cojile într-o strecurătoare sau scoate

din apă cu o lingură deschisă. Spălați rapid cu apă rece. Tapetați o foaie de încălzire cu ramă cu folie alimentară. În momentul în care cojile sunt suficient de reci pentru a fi tratate, separați-le cu mâna, aruncând apă suplimentară și așezând deschiderea într-un singur strat pe recipientul de foaie. Se întinde progresiv cu folie de plastic odată ce practic se răcește.

2. Aduceți câțiva litri de apă (sau folosiți apa rămasă pentru paste, dacă nu ați aruncat-o) într-un balon într-o oală similară. Includeți spanacul solidificat și gătiți trei minute la maxim, până devine delicat. Tapetați strecurătoarea cu prosoape de hârtie ude, dacă orificiile sunt enorme, în acel moment canalizează spanacul. Puneți o strecurătoare peste un bol pentru a se epuiza mai mult în timp ce începeți umplutura.

3. Adăugați doar usturoiul într-un procesor de hrănire și rulați până când este tăiat fin și aderă de părțile laterale. Zgâriați părțile laterale ale bolului, în acel moment includeți ricotta, ouăle, fasolea, pesto, 1½

lingurițe de sare și câteva trudă de piper (o stoarcere majoră). Apăsați spanacul în mâna dvs. pentru a epuiza bine apa restante, în acel moment adăugați la diferite elemente de fixare în procesorul de hrănire. Alergați până când este practic omogen, cu câteva bucăți de spanac încă vizibile. Înclin spre a nu gusta după includerea oului brut, dar cu șansa că credeți că gustul său fundamental este puțin și modificați aroma după gust.

4. Preîncălziți broilerul la 350 (F) și faceți duș sau ungeți ușor un 9 x 13"

tigaie, în plus față de un alt fel de mâncare de gulaș mai mic (aproximativ 8 până la 10 din scoici nu vor încadra în 9 x 13). Pentru a umple cojile, luați fiecare cochilie pe rând, ținând-o deschisă cu degetul mare și degetul arătător al mâinii nepredominante. Scoateți 3 până la 4 linguri care se încarcă cu cealaltă mână și zgâriați în coajă. Cea mai mare parte dintre ele nu vor arăta grozav, ceea ce este în regulă! Păstrați cochiliile pline una lângă cealaltă în recipientul pregătit. Peste scoici se pune sos, lăsând bucăți de umplutură verde inconfundabile. Ungeți recipientul cu bară și pregătiți-l timp de 30 de minute. Creșteți căldura la 375 (F), presărați cojile cu niște parmezan măcinat (dacă se folosește) și dezvăluie căldura pentru încă 5

până la 10 minute până când cheddarul este dizolvat și umezeala din abundență este diminuată.

5. Răciți 5 până la 10 minute, în acel moment serviți singur sau cu o farfurie proaspătă de verdeață amestecată ca o idee ulterioară!

Ingrediente pentru salata cu taitei asiatici:

8 uncii lungime tăiței de paste integrale de grâu — de exemplu, spaghete (folosește tăiței soba pentru a face fără gluten) 24 uncii Mann's Broccoli Cole Slaw — 2 saci de 12 uncii 4 uncii morcovi măcinați

1/4 cană ulei de măsline extravirgin

1/4 cană oțet de orez

3 linguri de nectar - utilizați nectar ușor de agave pentru a face iubitorul de legume

3 linguri tartinat neted de nuci

2 linguri de sos de soia cu conținut scăzut de sodiu — fără gluten, dacă este necesar 1 lingură de sos de ardei Sriracha — sau sos de usturoi chile, în plus față de plus după gust

1 lingura de ghimbir nou tocat

2 lingurițe de usturoi tocat — în jur de 4 căței 3/4 de cană de arahide nesărate la grătar, — în general tăiate 3/4 de cană de coriandru nou — tăiate fin

Directii:

1. Încinge o oală uriașă cu apă cu sare până la fierbere. Gătiți tăițeii până când sunt încă oarecum fermi, conform titlurilor pachetului. Canalizează și

clătește rapid cu apă rece pentru a evacua supraabundența de amidon și pentru a opri gătitul, în acel moment treceți într-un castron uriaș de servire. Includeți broccoli și morcovii.

2. În timp ce pastele se gătesc, amestecați uleiul de măsline, oțetul de orez, nectarul, nucile tartinate, sosul de soia, Sriarcha, ghimbirul și usturoiul. Se toarnă peste amestecul de tăiței și se aruncă pentru a se consolida. Includeți alunele și coriandru și aruncați din nou. Se servește rece sau la temperatura camerei cu sos Sriracha în plus, după dorință.

3. Note de formulă

4. Salata cu taitei asiatici poate fi servita rece sau la temperatura camerei.

Păstrați resturile în frigider într-un suport rezistent la apă/aer timp de până la 3 zile.

Porții de somon și fasole verde: 4

Timp de preparare: 26 de minute

Ingrediente:

2 linguri ulei de masline

1 ceapa galbena, tocata

4 fileuri de somon, dezosate

1 cană de fasole verde, tăiată și tăiată la jumătate

2 catei de usturoi, tocati

½ cană bulion de pui

1 lingurita pudra de chili

1 lingurita boia dulce

Un praf de sare si piper negru

1 lingura coriandru, tocat

Directii:

1. Se încălzește o tigaie cu ulei la foc mediu, se adaugă ceapa, se amestecă și se călește timp de 2 minute.

2. Adăugați peștele și prăjiți-l timp de 2 minute pe fiecare parte.

3. Adăugați restul ingredientelor, amestecați ușor și coaceți totul la 360 de grade F timp de 20 de minute.

4. Împărțiți totul în farfurii și serviți la prânz.

<u>Informații nutriționale:</u>calorii 322, grăsimi 18,3, fibre 2, carbohidrați 5,8, proteine 35,7

Ingrediente de pui umplut cu brânză:

2 ceai verde (taiati putin)

2 jalapeños cu seminte (taiate putin)

1/4 c. coriandru

1 lingura pizza de lime

4 uncii. Cheddar Monterey Jack (măcinat grosier) 4 sâni de pui dezosați și fără piele

3 linguri. ulei de masline

Sare

Piper

3 linguri. suc de lămâie

2 ardei ringer (taiati delicat)

1/2 ceapa rosie mica (taiata putin)

5 c. salata romana rupta

Directii:

1. Încălziți broilerul la 450°F. Într-un castron, consolidează ceai verde și jalapeños cu semințe, 1/4 cană de coriandru (despicat) și lime, în acel moment, aruncați cu cheddar Monterey Jack.

2. Suplimentați lama în cea mai groasă bucată din pieptul de pui dezosat și fără piele și mutați-vă încoace și încoace pentru a face un buzunar de 2 1/2 inch care este cât se poate de lat, fără a experimenta. Umpleți puiul cu amestec de cheddar.

3. Încălzește 2 linguri de ulei de măsline într-o tigaie enormă la mediu.

Asezonați puiul cu sare și piper și gătiți până se întunecă strălucitor pe o parte, 3 până la 4 minute. Întoarceți puiul și puneți-l la grătar până când este fiert, 10 până la 12 minute.

4. Între timp, într-un castron mare, amestecați sucul de lămâie, 1

lingura ulei de masline si 1/2 lingurita sare. Includeți ardei și ceapă roșie și lăsați să stea 10 minute, aruncând sporadic. Se arunca cu salata romana si 1 cana coriandru nou. Prezentă cu pui și felii de lime.

Rucola cu sos de gorgonzola Porții: 4

Timp de preparare: 0 minute

Ingrediente:

1 buchet de rucola, curatata

1 pară, feliată subțire

1 lingura suc proaspat de lamaie

1 cățel de usturoi, învinețit

1/3 cană brânză Gorgonzola, mărunțită

1/4 cană bulion de legume, cu conținut redus de sodiu

Piper proaspăt măcinat

4 lingurite ulei de masline

1 lingura de otet de cidru

Directii:

1. Puneți feliile de pere și sucul de lămâie într-un bol. Aruncă pentru a acoperi.

Aranjați feliile de pere, împreună cu rucola, pe un platou.

2. Într-un castron, combinați oțetul, uleiul, brânza, bulionul, piperul și usturoiul. Se lasa 5 minute, se indeparteaza usturoiul. Puneți dressingul, apoi serviți.

<u>Informații nutriționale:</u>Calorii 145 Carbohidrați: 23 g Grăsimi: 4 g Proteine: 6 g

Porții de supă de varză: 6

Timp de preparare: 35 de minute

Ingrediente:

1 ceapa galbena, tocata

1 cap de varză verde, mărunțit

2 linguri ulei de masline

5 căni de stoc de legume

1 morcov, decojit și ras

Un praf de sare si piper negru

1 lingura coriandru, tocat

2 lingurite de cimbru, tocat

½ lingurita boia afumata

½ lingurita boia iute

1 lingura suc de lamaie

Porţii de orez cu conopidă: 4

Timp de preparare: 10 minute

Ingrediente:

¼ cană ulei de gătit

1 lingura. Ulei de cocos

1 lingura. Zahăr de cocos

4 căni de conopidă, împărţită în buchețele ½ linguriţă. Sare

Directii:

1. Mai întâi, procesează conopida într-un robot de bucătărie şi procesează-o timp de 1 până la 2 minute.

2. Încălziţi uleiul într-o tigaie mare la foc mediu, apoi puneţi o lingură în tigaie conopida, zahăr de cocos şi sare.

3. Combinaţi-le bine şi gătiţi-le timp de 4 până la 5 minute sau până când conopida este uşor moale.

4. La final, turnaţi laptele de cocos şi savuraţi-l.

<u>Informaţii nutriţionale:</u>Calorii 108 Kcal Proteine: 27,1 g Carbohidraţi: 11 g Grăsimi: 6 g

Frittata Feta & Spanac Porţii: 4

Timp de preparare: 10 minute

Ingrediente:

½ ceapă maronie mică

250 g baby spanac

½ cană brânză feta

1 lingura pasta de usturoi

4 oua batute

Mix de condimente

Sare & Piper dupa gust

1 lingura ulei de masline

Directii:

1. Adăugaţi o ceapă tocată mărunt în ulei şi gătiţi-o la foc mediu.

2. Adăugaţi spanacul în ceapa maro deschis şi aruncaţi-l timp de 2 minute.

3. În ouă, adăugaţi amestecul de spanac şi ceapă rece.

4. Acum adăugați pasta de usturoi, sare și piper și amestecați amestecul.

5. Gatiti acest amestec la foc mic si amestecati usor ouale.

6. Adăugați brânză feta pe ouă și puneți tigaia sub grătarul deja preîncălzit.

7. Gătiți-o aproape 2 până la 3 minute până când frittata se rumenește.

8. Serveste aceasta frittata feta calda sau rece.

<u>Informații nutriționale:</u>Calorii 210 Carbohidrați: 5 g Grăsimi: 14 g Proteine: 21 g

Autocolante pentru oală de pui înflăcărat

Ingrediente:

1 kilogram de pui măcinat

1/2 cană de varză distrusă

1 morcov, dezbrăcat și distrus

2 catei de usturoi, storsi

2 cepe verde, taiate slab

1 lingura sos de soia cu sodiu redus

1 lingura sos hoisin

1 lingura de ghimbir macinat natural

2 lingurite ulei de susan

1/4 lingurita piper alb macinat

ambalaje de 36 de tone woni

2 linguri ulei vegetal

PENTRU SOS DE ULEI DE ARDEI IARD:

1/2 cană ulei vegetal

1/4 cană ardei iute roşu uscat, zdrobit

2 catei de usturoi, tocati

Directii:

1. Încălzeşte uleiul vegetal într-o tigaie mică la căldură medie. Amestecaţi ardeiul tocat şi usturoiul, amestecând din când în când, până când uleiul ajunge la 180 de grade F, în jur de 8-10 minute; pune într-un loc sigur.

2. Într-un castron enorm, alăturaţi puiul, varza, morcovul, usturoiul, ceapa verde, sosul de soia, sosul hoisin, ghimbirul, uleiul de susan şi piper alb.

3. Pentru a colecta găluştele, puneţi ambalaje pe o suprafaţă de lucru.

Pune 1 lingură de amestec de pui în punctul focal al fiecărui înveliş. Folosind degetul, frecaţi marginile ambalajelor cu apă. Încreţiţi amestecul peste umplutură pentru a face o formă de jumătate de lună, strângând marginile pentru a sigila.

4. Încălzeşte uleiul vegetal într-o tigaie imensă la căldură medie.

Includeţi autocolante pentru oale într-un strat singur şi gătiţi până când sunt strălucitoare şi proaspete, aproximativ 2-3 minute pentru fiecare parte.

5. Serviţi prompt cu sos de ulei de tocană fierbinte.

Creveți cu usturoi cu conopidă măcinată Porții: 2

Timp de preparare: 15 minute

Ingrediente:

Pentru Prepararea Creveților

1 kilogram de creveți

2-3 linguri condimente cajun

Sare

1 lingura unt/Ghee

Pentru prepararea nisipului de conopidă

2 linguri Ghee

12 uncii de conopidă

1 cățel de usturoi

Sarat la gust

Directii:

1. Fierbeți conopida și usturoiul în 8 uncii de apă la foc mediu până se înmoaie.

2. Amestecați conopida fragedă în robotul de bucătărie cu ghee. Adăugați treptat apă fierbinte pentru consistența potrivită.

3. Presărați 2 linguri de condiment cajun pe creveți și marinați.

4. Într-o tigaie mare, luați 3 linguri de ghee și gătiți creveții la foc mediu.

5. Puneți o lingură mare de granule de conopidă într-un castron, cu creveți prăjiți.

Informații nutriționale:Calorii 107 Carbohidrați: 1 g Grăsimi: 3 g Proteine: 20 g

Ton Broccoli Porţii: 1

Timp de preparare: 10 minute

Ingrediente:

1 lingura Ulei de măsline extra virgin

3 oz. Ton în apă, de preferinţă uşor şi gros, scurs 1 lingură. Nuci, tocate grosier

2 cani de broccoli, tocat marunt

½ linguriţă. Sos iute

Directii:

1. Începeţi prin a amesteca broccoli, condimentele şi tonul într-un bol de amestecare de dimensiuni mari până când sunt bine combinaţi.

2. Apoi, puneţi legumele la microunde la cuptor timp de 3 minute sau până când se înmoaie

3. Apoi, amestecaţi nucile şi uleiul de măsline în bol şi amestecaţi bine.

4. Serviţi şi savuraţi.

Informaţii nutriţionale:Calorii 259 Kcal Proteine: 27,1 g Carbohidraţi: 12,9 g Grăsimi: 12,4 g

Supă de dovlecei cu creveți Porții: 4

Timp de preparare: 20 de minute

Ingrediente:

3 linguri de unt nesarat

1 ceapa rosie mica, tocata marunt

1 cățel de usturoi, feliat

1 lingurita turmeric

1 lingurita sare

¼ de lingurita piper negru proaspat macinat

3 căni de bulion de legume

2 cani de dovleac decojit taiat cubulete de ¼ inch 1 kilogram de creveti fierti decojiti, decongelati daca este necesar 1 cana de lapte de migdale neindulcit

¼ cană migdale felii (opțional)

2 linguri de pătrunjel proaspăt tocat mărunt 2 lingurițe de coajă de lămâie rasă sau tocată

Directii:

1. Se dizolvă untul la foc mare într-o oală mare.

2. Adăugați ceapa, usturoiul, turmericul, sare și piper și căliți până când legumele sunt moi și translucide, 5 până la 7 minute.

3. Adăugați bulionul și dovleceii și fierbeți.

4. Se fierbe la foc mic în 5 minute.

5. Adăugați creveții și laptele de migdale și gătiți până se încălzesc aproximativ 2 minute.

6. Presărați migdale (dacă folosiți), pătrunjel și coaja de lămâie și serviți.

<u>Informații nutriționale:</u>Calorii 275 Grăsimi totale: 12 g Carbohidrați totale: 12 g Zahăr: 3 g Fibre: 2 g Proteine: 30 g Sodiu: 1665 mg

Minge de curcan la cuptor Porţii: 6

Timp de gătire: 30 de minute

Ingrediente:

1 kilogram de curcan măcinat

½ cană pesmet proaspăt, alb sau grâu integral ½ cană brânză parmezan, proaspăt ras

½-linguriţă. busuioc, proaspăt tocat

½-linguriţă. oregano, proaspăt tocat

1 buc. ou mare, bătut

1-linguriţă. patrunjel, proaspat tocat

3 linguri de lapte sau apă

Un strop de sare si piper

Un praf de nucsoara proaspat rasa

Directii:

1. Preîncălziţi cuptorul la 350°F.

2. Tapetaţi două forme de copt cu hârtie de copt.

3. Amestecați toate ingredientele într-un castron mare.

4. Formați bile de 1 inch din amestec și puneți fiecare bila în tava de copt.

5. Introdu tava la cuptor.

6. Coaceți timp de 30 de minute sau până când curcanul se gătește și suprafețele devin maro.

7. Întoarceți chiftelele o dată la jumătatea timpului de gătit.

<u>Informații nutriționale:</u>Calorii: 517 CalGrasimi: 17,2 g Proteine: 38,7 g Carbohidrati: 52,7 gFibre: 1 g

Tolură de scoici clare Porții: 4

Timp de preparare: 15 minute

Ingrediente:

2 linguri de unt nesarat

2 morcovi medii, tăiați în bucăți de ½ inch

2 tulpini de telina, feliate subtiri

1 ceapă roșie mică, tăiată cubulețe de ¼ inch

2 catei de usturoi, taiati felii

2 căni de bulion de legume

1 sticlă (8 uncii) de suc de scoici

1 conserve (10 uncii) de scoici

½ linguriță de cimbru uscat

½ lingurita sare

¼ de lingurita piper negru proaspat macinat

Directii:

1. Se dizolvă untul într-o oală mare, la foc iute.

2. Adăugați morcovii, țelina, ceapa și usturoiul și căleți până se înmoaie ușor timp de 2 până la 3 minute.

3. Adăugați bulionul și sucul de scoici și fierbeți.

4. Se fierbe și se fierbe până când morcovii sunt moi, 3 până la 5 minute.

5. Adăugați scoici și sucul lor, cimbru, sare și piper, încălziți timp de 2 până la 3 minute și serviți.

<u>Informații nutriționale:</u>Calorii 156 Grăsimi totale: 7 g Carbohidrați totale: 7 g Zahăr: 3 g Fibre: 1 g Proteine: 14 g Sodiu: 981 mg

Porții cu orez și pui: 4

Timp de gătire: 25 de minute

Ingrediente:

1 lb. piept de pui crescător în aer liber, dezosat, fără piele ¼ de cană de orez brun

¾ lb. ciuperci la alegere, feliate

1 praz, tocat

¼ cana migdale, tocate

1 cană de apă

1 lingura. ulei de masline

1 cană fasole verde

½ cană oțet de mere

2 linguri. făină universală

1 cană de lapte, cu conținut scăzut de grăsimi

¼ cană brânză parmezan, proaspăt rasă

¼ cană smântână

Un praf de sare de mare, mai adauga daca este nevoie

piper negru măcinat, după gust

Directii:

1. Turnați orezul brun într-o oală. Adăugați apă. Acoperiți și aduceți la fierbere. Reduceți focul, apoi fierbeți timp de 30 de minute sau până când orezul este fiert.

2. Între timp, într-o tigaie, se adaugă pieptul de pui și se toarnă apă cât să se acopere - se condimentează cu sare. Fierbeți amestecul, apoi reduceți focul și lăsați să fiarbă timp de 10 minute.

3. Tocați puiul. Pus deoparte.

4. Se încălzește uleiul de măsline. Gatiti prazul pana se inmoaie. Adăugați ciuperci.

5. Turnați oțet de mere în amestec. Se caleste amestecul pana se evapora otetul. Adăugați făina și laptele în tigaie.

Se presară parmezan și se adaugă smântână. Asezonați cu piper negru.

6. Preîncălziți cuptorul la 350 de grade F. ungeți ușor o tavă cu ulei.

7. Întindeți orezul fiert în caserola, apoi puiul mărunțit și fasolea verde deasupra. Adăugați sosul de ciuperci și praz.

Pune migdale deasupra.

8. Coaceți în 20 de minute sau până când se rumenesc. Lăsați să se răcească înainte de servire.

<u>Informații nutriționale:</u>Calorii 401 Carbohidrați: 54 g Grăsimi: 12 g Proteine: 20 g

Jambalaya Creveți Soțiți Porții: 4

Timp de gătire: 30 de minute

Ingrediente:

10 oz. creveți medii, decojiți

¼ cană țelină, tocată ½ cană ceapă, tocată

1-linguriță. ulei sau unt ¼ linguriță de usturoi, tocat

¼ linguriță sare de ceapă sau sare de mare

⅓ cană sos de roșii ½ linguriță boia afumată

½ linguriță sos Worcestershire

⅔-cană morcovi, tocați

1¼ cană de cârnați de pui, pregătit și tăiat cubulețe 2 căni de linte, înmuiată peste noapte și prefiertă 2 căni de bame, tocată

O strop de parmezan zdrobit ardei rosu si piper negru, ras pentru topping (optional)<u>Directii:</u>

1. Sotește creveții, țelina și ceapa cu ulei într-o tigaie pusă la foc mediu-mare timp de cinci minute sau până când creveții devin rozalii.

2. Adăugați restul ingredientelor și mai sotiți timp de 10

minute sau până când legumele sunt fragede.

3. Pentru a servi, împărțiți amestecul de jambalaya în mod egal în patru boluri de servire.

4. Acoperiți cu piper și brânză, dacă doriți.

<u>Informații nutriționale:</u>Calorii: 529 Grăsimi: 17,6 g Proteine: 26,4 g Carbohidrati: 98,4 gFibre: 32,3 g

Porții de pui chili: 6

Timp de gătire: 1 oră

Ingrediente:

1 ceapa galbena, tocata

2 linguri ulei de masline

2 catei de usturoi, tocati

1 kg piept de pui, fără piele, dezosat și tăiat cubulețe 1 ardei gras verde, tocat

2 cani de supa de pui

1 lingura pudra de cacao

2 linguri praf de chili

1 lingurita boia afumata

1 cana rosii conservate, tocate

1 lingura coriandru, tocat

Un praf de sare si piper negru

Directii:

1. Se incinge o oala cu ulei la foc mediu, se adauga ceapa si usturoiul si se calesc 5 minute.

2. Adăugați carnea și rumeniți-o încă 5 minute.

3. Adăugați restul ingredientelor, amestecați, fierbeți la foc mediu timp de 40 de minute.

4. Împărțiți chili-ul în boluri și serviți la prânz.

<u>Informații nutriționale:</u>calorii 300, grăsimi 2, fibre 10, carbohidrați 15, proteine 11

Porții de supă de linte și usturoi: 4

Timp de preparare: 15 minute

Ingrediente:

2 linguri ulei de masline extravirgin

2 morcovi medii, feliați subțiri

1 ceapă albă mică, tăiată cubulețe de ¼ inch

2 catei de usturoi, feliati subtiri

1 lingurita scortisoara macinata

1 lingurita sare

¼ de lingurita piper negru proaspat macinat

3 căni de bulion de legume

1 conserve (15 uncii) de linte, scursă și clătită 1 lingură tocată sau rasă coajă de portocală

¼ cana nuci tocate (optional)

2 linguri de patrunjel proaspat cu frunze plate tocat marunt<u>Directii:</u>

1. Încălziți uleiul la foc mare într-o oală mare.

2. Pune morcovii, ceapa și usturoiul și căleți până se înmoaie, 5 până la 7 minute.

3. Pune scorțișoară, sare și piper și amestecă pentru a acoperi legumele, 1 până la 2 minute uniform.

4. Se pune bulionul și se fierbe. Se fierbe, apoi se pune lintea și se fierbe până la 1 minut.

5. Se adauga coaja de portocala si se serveste, presarata cu nuca (daca se foloseste) si patrunjel.

<u>Informații nutriționale:</u>Calorii 201 Grăsimi totale: 8 g Carbohidrați totale: 22 g Zahăr: 4 g Fibre: 8 g Proteine: 11 g Sodiu: 1178 mg

Dovlecei şi pui delicioase în prăjirea clasică Santa Fe

Porţii: 2

Timp de preparare: 15 minute

Ingrediente:

1-linguriţă. ulei de masline

2 buc. piept de pui, feliat

1 buc ceapa, mica, taiata cubulete

2 căţei de usturoi, tocaţi 1 buc dovlecel, tăiaţi cubuleţe ½ cană morcovi, mărunţiţi

1 lingură boia de ardei, 1 lingură chimen afumat, măcinat

½ linguriţă pudră de chili ¼ linguriţă sare de mare

2 linguri. suc proaspăt de lămâie

¼ de cană de coriandru, proaspăt tocat

Orez brun sau quinoa, la servire

Directii:

1. Se caleste puiul cu ulei de masline aproximativ 3 minute pana cand puiul devine maro. Pus deoparte.

2. Folositi acelasi wok si adaugati ceapa si usturoiul.

3. Gatiti pana ce ceapa este frageda.

4. Adăugați morcovii și dovleceii.

5. Amestecați amestecul și gătiți în continuare timp de aproximativ un minut.

6. Adăugați toate condimentele în amestec și amestecați pentru a găti încă un minut.

7. Puneti puiul inapoi in wok si turnati zeama de lamaie.

8. Amestecați pentru a găti până când totul se gătește.

9. Pentru a servi, puneți amestecul peste orez fiert sau quinoa și acoperiți cu coriandru proaspăt tocat.

Informații nutriționale:Calorii: 191 Grăsimi: 5,3 g Proteine: 11,9 g
Carbohidrati: 26,3 g Fibre: 2,5 g

Tacos cu tilapia cu salată minunată de ghimbir și susan

Porții: 4

Timp de preparare: 5 ore

Ingrediente:

1 lingurita ghimbir proaspat, ras

Sare si piper negru proaspat crapat dupa gust 1 lingurita stevia

1 lingura sos de soia

1 lingura ulei de masline

1 lingura suc de lamaie

1 lingura iaurt simplu

1½ lb file de tilapia

1 cană amestec de salată de varză

Directii:

1. Porniți oala instant, adăugați toate ingredientele în ea, cu excepția fileurilor de tilapia și a amestecului de salată de varză și amestecați până se omogenizează bine.

2. Apoi adăugați fileuri, amestecați până când sunt bine acoperite, închideți cu capacul, apăsați

butonul „gătire lentă" și gătiți timp de 5 ore, răsturnând fileurile la jumătate.

3. Cand este gata, transferati fileurile intr-un vas si lasati sa se raceasca complet.

4. Pentru pregătirea mesei, distribuiți amestecul de salată de varză între patru recipiente ermetice, adăugați tilapia și puneți la frigider până la trei zile.

5. Când este gata de mâncat, reîncălziți tilapia în cuptorul cu microunde până când este fierbinte și apoi serviți cu salată de varză.

<u>Informații nutriționale:</u>Calorii 278, grăsimi totale 7,4 g, carbohidrați 18,6 g, proteine 35,9 g, zahăr 1,2 g, fibre 8,2 g, sodiu 194 mg

Porţii de tocană de linte cu curry: 4

Timp de preparare: 15 minute

Ingrediente:

1 lingura de ulei de masline

1 ceapa, tocata

2 catei de usturoi, tocati

1 lingură de condimente pentru curry organic

4 căni de bulion de legume organic cu conţinut scăzut de sodiu 1 cană de linte roşie

2 căni de dovleac, fierte

1 cană de kale

1 lingurita de turmeric

Sare de mare dupa gust

Directii:

1. Se caleste uleiul de masline cu ceapa si usturoiul intr-o oala mare la foc mediu, se adauga. Se caleste timp de 3 minute.

2. Adăugați condimentele organice pentru curry, bulionul de legume și lintea și aduceți la fiert—Gătiți timp de 10 minute.

3. Amestecați dovleceii fierți și kale.

4. Adăugați turmeric și sare de mare după gust.

5. Serviți cald.

<u>Informații nutriționale:</u>Carbohidrați totale 41 g Fibre dietetice: 13 g Proteine: 16 g Grăsimi totale: 4 g Calorii: 252

Salată Caesar de Kale Cu Wrap de pui la grătar

Porții: 2

Timp de preparare: 20 de minute

Ingrediente:

6 căni de varză creț, tăiată în bucăți mici, de mărimea unei mușcături ½ ou lasat; gătit

8 uncii de pui la grătar, felii subțiri

½ linguriță de muștar de Dijon

¾ cană brânză parmezan, mărunțită mărunt

piper negru

sare cușer

1 cățel de usturoi, tocat

1 cană de roșii cherry, tăiate în patru

1/8 cană suc de lămâie, proaspăt stors

2 tortilla mari sau două pâine plate Lavash

1 lingurita de agave sau miere

1/8 cană ulei de măsline

Directii:

1. Combinați jumătate din oul copt cu muştar, usturoi tocat, miere, ulei de măsline şi sucul de lămâie într-un castron mare. Bateţi până obţineţi un dressing ca o consistenţă. Se condimenteaza cu piper si sare dupa gust.

2. Adăugaţi roşiile cherry, puiul şi kale; se amestecă uşor până se îmbracă frumos cu dressing şi apoi se adaugă ¼ de cană de parmezan.

3. Întindeţi pâinele şi distribuiţi uniform salata pregătită deasupra wrapurilor; stropiţi fiecare cu aproximativ ¼ de cană de parmezan.

4. Rulaţi împachetările şi tăiaţi-le în jumătate. Serviţi imediat şi bucuraţi-vă.

<u>Informaţii nutriţionale:</u>kcal 511 Grasimi: 29 g Fibre: 2,8 g Proteine: 50 g

Porții de salată de fasole cu spanac: 1

Timp de gătire: 5 minute

Ingrediente:

1 cană de spanac proaspăt

¼ cană de fasole neagră conservată

½ cană de fasole garbanzo conservată

½ cană de ciuperci cremini

2 linguri de vinegreta balsamica organica 1 lingura de ulei de masline

Directii:

1. Gatiti ciupercile cremini cu uleiul de masline la foc mic, mediu timp de 5 minute, pana se rumenesc usor.

2. Asamblați salata adăugând spanac proaspăt pe o farfurie și acoperind-o cu fasole, ciuperci și vinegreta balsamică.

Informații nutriționale:Carbohidrați totale 26 g Fibre dietetice: 8 g Proteine: 9 g Grăsimi totale: 15 g Calorii: 274

Somon în crustă cu nuci și rozmarin Porții: 6

Timp de preparare: 20 de minute

Ingrediente:

1 Toca un catel de usturoi

1 lingură muștar de Dijon

¼ linguriță coajă de lămâie

1 lingura suc de lamaie

1 lingura rozmarin proaspat

1/2 linguriță Miere

Ulei de masline

Patrunjel proaspat

3 linguri nuci tocate

1 kilogram de somon fără piele

1 lingura ardei rosu proaspat macinat

Sare piper

Roți de lămâie pentru decor

3 linguri pesmet Panko

1 lingura ulei de masline extravirgin

Directii:

1. Intinde foaia de copt in cuptor si preincalzeste-o la 240C.

2. Intr-un castron amestecati pasta de mustar, usturoi, sare, ulei de masline, miere, zeama de lamaie, ardei rosu macinat, rozmarin, miere de puroi.

3. Combinați panko, nucile și uleiul și întindeți felii subțiri de pește pe tava de copt. Pulverizați ulei de măsline în mod egal pe ambele părți ale peștelui.

4. Puneți amestecul de nuci peste somon cu amestecul de muștar deasupra.

5. Coaceți somonul aproape timp de 12 minute. Ornează-l cu pătrunjel proaspăt și felii de lămâie și servește-l fierbinte.

<u>Informații nutriționale:</u>Calorii 227 Carbohidrați: 0 g Grăsimi: 12 g Proteine: 29 g

Cartofi dulci copți cu sos roșu Tahini Porții: 4

Timp de gătire: 30 de minute

Ingrediente:

15 uncii de naut la conserva

4 cartofi dulci de mărime medie

½ lingurita ulei de masline

1 praf de sare

1 lingura suc de lamaie

1/2 linguriță de chimen, coriandru și boia de ardei praf pentru sos de ierburi cu usturoi

¼ cană sos tahini

½ linguriță suc de lămâie

3 catei de usturoi

Sarat la gust

Directii:

1. Preîncălziți cuptorul la 204°C. Puneți năutul în sare, condimente și ulei de măsline. Răspândiți-le pe foaia de folie.

2. Ungeți felii subțiri de cartofi dulci cu ulei și puneți-le pe fasole marinată și coaceți.

3. Pentru sos, amestecați toate fixările într-un bol. Adăugați puțină apă în ea, dar păstrați-o groasă.

4. Scoateți cartofii dulci din cuptor după 25 de minute.

5. Ornează această salată de năut de cartofi dulci la cuptor cu sos de usturoi iute.

<u>Informații nutriționale:</u>Calorii 90 Carbohidrați: 20 g Grăsimi: 0 g Proteine: 2 g

Porții de supă italiană de dovleac de vară: 4

Timp de preparare: 15 minute

Ingrediente:

3 linguri ulei de măsline extravirgin

1 ceapă roșie mică, feliată subțire

1 cățel de usturoi, tocat

1 cană de dovlecel mărunțit

1 cană de dovleac galben mărunțit

½ cană morcov mărunțit

3 căni de bulion de legume

1 lingurita sare

2 linguri busuioc proaspăt tocat mărunt

1 lingura arpagic proaspat tocat marunt

2 linguri nuci de pin

Directii:

1. Încălziți uleiul la foc mare într-o oală mare.

2. Pune ceapa și usturoiul și căliți până se înmoaie, 5 până la 7 minute.

3. Adăugați dovleceii, dovleceii galbeni și morcovul și soțiți până se înmoaie, 1 până la 2 minute.

4. Se adauga bulionul si sarea si se fierbe. Se fierbe în 1 până la 2 minute.

5. Se amestecă busuiocul și arpagicul și se servesc, stropite cu nuci de pin.

Informații nutriționale:Calorii 172 Grăsimi totale: 15 g Carbohidrați totale: 6 g Zahăr: 3 g Fibre: 2 g Proteine: 5 g Sodiu: 1170 mg

Porții de supă cu șofran și somon: 4

Timp de preparare: 20 de minute

Ingrediente:

¼ cană ulei de măsline extravirgin

2 praz, doar părți albe, feliate subțiri

2 morcovi medii, feliați subțiri

2 catei de usturoi, feliati subtiri

4 căni de bulion de legume

1 kilogram de fileuri de somon fără piele, tăiate în bucăți de 1 inch 1 linguriță de sare

¼ de lingurita piper negru proaspat macinat

¼ linguriță fire de șofran

2 cesti baby spanac

½ cană de vin alb sec

2 linguri de ceai tocat, ambele parti albe si cele verzi 2 linguri de patrunjel proaspat cu frunze plate tocat maruntDirectii:

1. Se încălzește uleiul într-o oală mare.

2. Adăugați prazul, morcovii și usturoiul și căleți până se înmoaie, 5 până la 7 minute.

3. Se pune bulionul și se fierbe.

4. Se fierbe și se adaugă somonul, sare, piper și șofran. Gatiti pana cand somonul este fiert, aproximativ 8 minute.

5. Adăugați spanacul, vinul, ceapă și pătrunjelul și gătiți până când spanacul se ofilește, 1 până la 2 minute, și serviți.

Informații nutriționale:Calorii 418 Grăsimi totale: 26 g Carbohidrați totale: 13 g Zahăr: 4 g Fibre: 2 g Proteine: 29 g Sodiu: 1455 mg

Supă de creveți și ciuperci cu aromă thailandeză

Porții: 6

Timp de preparare: 38 de minute

Ingrediente:

3 linguri de unt nesarat

1 lb de creveți, curățați și devenați

2 linguri de usturoi tocat

Rădăcină de ghimbir de 1 inch, decojită

1 ceapă medie, tăiată cubulețe

1 chili roșu thailandez, tocat

1 tulpină de lemongrass

½ linguriță coaja proaspătă de lămâie

Sare si piper negru proaspat crapat, dupa gust 5 cani supa de pui

1 lingura ulei de cocos

½ lb ciuperci cremini, tăiate felii

1 dovlecel verde mic

2 linguri suc proaspăt de lămâie

2 linguri sos de peste

¼ de legătură de busuioc thailandez proaspăt, tocat

¼ de legătură de coriandru proaspăt, tocat

Directii:

1. Luați o oală mare, puneți-o la foc mediu, adăugați untul și când se topește, adăugați creveții, usturoiul, ghimbirul, ceapa, ardei iute, lemongrass și coaja de lime, condimentați cu sare și piper negru și gătiți timp de 3 minute.

2. Se toarnă bulion, se fierbe timp de 30 de minute, apoi se strecoară.

3. Luați o tigaie mare la foc mediu, adăugați ulei și când este fierbinte, adăugați ciupercile și dovleceii, mai asezonați cu sare și piper negru și gătiți timp de 3 minute.

4. Adăugați amestecul de creveți în tigaie, fierbeți timp de 2 minute, stropiți cu suc de lămâie și sos de peste și gătiți timp de 1 minut.

5. Gustați pentru a ajusta condimentele, apoi luați tigaia de pe foc, decorați cu coriandru și busuioc și serviți.

<u>Informații nutriționale:</u>Calorii 223, grăsimi totale 10,2 g, carbohidrați 8,7 g, proteine 23 g, zahăr 3,6 g, sodiu 1128 mg

Orzo cu roșii uscate Ingrediente:

1 lb de sâni de pui dezosați și fără piele, tăiați în bucăți de 3/4 inci

1 lingura + 1 lingura ulei de masline

Sare și piper închis măcinat crocant

2 catei de usturoi, tocati

1/4 cană (8 oz) paste uscate orzo

2 3/4 cani supa de pui cu conținut scăzut de sodiu, în acel moment mai variat (nu utilizați sucuri obișnuite, va fi excesiv de sărat) 1/3 cană părți de roșii uscate la soare umplute în ulei cu ierburi (aproximativ 12 părți. Scuturați-vă) o parte din uleiul din abundență), spart bine într-un procesor de nutriție

1/2 - 3/4 cana cheddar parmezan distrus fin, dupa gust 1/3 cana busuioc crocant despicat

Directii:

1. Încălziți 1 lingură de ulei de măsline într-un recipient pentru fiert la căldură medie-mare.

2. Odată ce este strălucitor, includeți puiul, condimentați ușor cu sare și piper și gătiți până când devine strălucitor, aproximativ 3 minute, în acel punct, pivotați pe părțile inverse și gătiți până când devine o culoare închisă strălucitoare și este gătit, aproximativ 3 minute. Mutați puiul într-o farfurie, întindeți cu folie pentru a se menține cald.

3. Includeți 1 linguriță de ulei de măsline pentru a călca mâncarea în acel moment, includeți usturoiul și prăjiți 20 de secunde, sau doar până când devine delicat, în acel moment turnați sucul de pui în timp ce răzuiți bucățile gătite de la baza tigaiei.

4. Încălziți bulionul până la punctul de fierbere în acel moment, includeți pastele orzo, reduceți căldura la tigaia cu capac și lăsați să barboteze delicat 5 minute în acel moment, amestecați și mențineți să barboteze până când orzo este delicat, aproximativ 5 minute. mai lung, amestecand uneori (nu te stresa daca mai sunt putine sucuri, ii va da ceva picant).

5. Când pastele s-au fiert, aruncați puiul cu orzo în acel moment, scoateți de pe căldură. Includeți cheddar cu parmezan și amestecați până se dizolvă, în acel moment aruncați roșii uscate la soare, busuioc și asezonați

cu piper (nu ar trebui să aveți nevoie de sare, dar includeți puțină în cazul în care credeți că are nevoie).

6. Adăugați mai multe sucuri pentru a subțire ori de câte ori doriți (pe măsură ce pastele se odihnesc, va absorbi abundența de lichid și m-am bucurat de el cu oarecum supraabundență așa că am inclus ceva mai mult). Serviți cald.

Porții de supă de ciuperci și sfeclă: 4

Timp de preparare: 40 de minute

Ingrediente:

2 linguri ulei de masline

1 ceapa galbena, tocata

2 sfeclă, decojită și tăiată cubulețe mari

1 kilogram de ciuperci albe, feliate

2 catei de usturoi, tocati

1 lingura pasta de rosii

5 căni de stoc de legume

1 lingura patrunjel, tocat

Directii:

1. Se incinge o oala cu ulei la foc mediu, se adauga ceapa si usturoiul si se calesc 5 minute.

2. Adăugați ciupercile, amestecați și mai soți încă 5 minute.

3. Adăugați sfecla și celelalte ingrediente, aduceți la fiert și fierbeți la foc mediu încă 30 de minute, amestecând din când în când.

4. Puneti supa in boluri si serviti.

<u>Informații nutriționale:</u>calorii 300, grăsimi 5, fibre 9, carbohidrați 8, proteine 7

Chiftele de pui cu parmezan Ingrediente:

2 kg pui măcinat

3/4 cană pesmet panko fără gluten panko va funcționa bine 1/4 cană ceapă tocată fin

2 linguri patrunjel tocat

2 catei de usturoi tocati

1 lămâie mică în jur de 1 linguriță 2 ouă

3/4 cană Pecorino Romano sau cheddar parmezan distrus 1 linguriță sare autentică

1/2 lingurita piper inchis macinat crocant

1 litru de sos Marinara de cinci minute

4-6 uncii de mozzarella tăiată crocant

Directii:

1. Preîncălziți aragazul la 400 de grade, așezând grătarul în treimea superioară a broilerului. Într-un castron mare, alăturați totul, în afară de marinara și mozzarella. Combinați ușor, folosind mâinile sau o lingură enormă. Scoateți și formați chiftele și puneți-le pe o foaie de încălzire tapetată cu folie. Puneți chiftelele cu adevărat unul lângă celălalt pe farfurie

pentru a le face să se potrivească. Peste fiecare chifteluță se pune aproximativ o jumătate de lingură de sos. Se încălzeşte timp de 15 minute.

2. Scoateţi chiftelele de pe aragaz şi creşteţi temperatura broilerului pentru a găti. Peste fiecare chifteluță se pune o jumătate de lingură suplimentară de sos şi se adaugă un pătrat de mozzarella. (Le-am tăiat bucăţile uşoare de aproximativ 1 inch pătrat.) Se fierb încă 3 minute, până când cheddarul s-a înmuiat şi a devenit strălucitor. Prezintă cu sos suplimentar. Apreciez!

Chiftele Alla Parmigiana Ingrediente:

Pentru chiftele

1,5 lbs hamburger măcinat (80/20)

2 linguri patrunjel crocant, despicat

3/4 cană cheddar parmezan măcinat

1/2 cană făină de migdale

2 oua

1 lingurita sare potrivita

1/4 lingurita piper inchis macinat

1/4 lingurita praf de usturoi

1 lingurita picaturi de ceapa uscata

1/4 lingurita oregano uscat

1/2 cană apă caldă

Pentru Parmigiana

1 cană sos keto marinara simplu (sau orice marinară dobândită local fără zahăr)

4 oz mozzarella cheddar

Directii:

1. Alăturați întregul fix de chiftele într-un castron mare și amestecați bine.

2. Structurați în cincisprezece chiftele de 2".

3. Pregătiți la 350 de grade (F) timp de 20 de minute SAU prăjiți într-o tigaie enormă la căldură medie până când este gătit. Sfat de as – încercați să prăjiți în ulei de slănină în cazul în care aveți vreunul – include un alt grad de aromă. Fricasseeing produce umbrirea strălucitoare de culoare închisă apărută în fotografiile de mai sus.

4. Pentru Parmigiana:

5. Puneți chiftelele fierte într-un vas sigur pentru aragaz.

6. Peste fiecare chifteluță se pune aproximativ 1 lingură de sos.

7. Ungeți cu aproximativ 1/4 oz de mozzarella cheddar fiecare.

8. Pregătiți la 350 de grade (F) timp de 20 de minute (40 de minute dacă chiftelele sunt solidificate) sau până când se încălzesc și cheddarul este strălucitor.

9. Impodobire cu patrunjel nou ori de cate ori se doreste.

Foaie Tava Piept De Curcan Cu Legume Aurii

Porții: 4

Timp de gătire: 45 de minute

Ingrediente:

2 linguri de unt nesărat, la temperatura camerei 1 dovleac ghindă mijlociu, fără seminţe şi feliate subţire 2 sfecle mari aurii, decojite şi tăiate subţiri ½ ceapă galbenă medie, feliată subţire

½ piept de curcan dezosat, pe piele (1 până la 2 kg) 2 linguri de miere

1 lingurita sare

1 lingurita turmeric

¼ de lingurita piper negru proaspat macinat

1 cană bulion de pui sau bulion de legume

Directii:

1. Preîncălziţi cuptorul la 400°F. Se unge tava de copt cu unt.

2. Aranjaţi dovleceii, sfecla şi ceapa într-un singur strat pe tava de copt. Pune curcanul cu pielea în sus. Stropiţi cu miere.

Se condimentează cu sare, turmeric şi piper şi se adaugă bulionul.

3. Prăjiți până când curcanul înregistrează 165 ° F în centru cu un termometru cu citire instantanee, 35 până la 45 de minute. Scoateți și lăsați să se odihnească timp de 5 minute.

4. Tăiați și serviți.

Informații nutriționale:Calorii 383 Grăsimi totale: 15 g Carbohidrați totale: 25 g Zahăr: 13 g Fibre: 3 g Proteine: 37 g Sodiu: 748 mg

Curry verde cu nucă de cocos cu orez fiert

Porții: 8

Timp de preparare: 20 de minute

Ingrediente:

2 linguri ulei de măsline

12 uncii de Tofu

2 cartofi dulci medii (taiati cubulete)

Sarat la gust

314 uncii lapte de cocos

4 linguri Pasta de curry verde

3 căni de flori de broccoli

Directii:

1. Scoateți excesul de apă din tofu și prăjiți-l la foc mediu. Adăugați sare în el și prăjiți-l timp de 12 minute.

2. Gatiti laptele de cocos, pasta de curry verde si cartofii dulci la foc mediu si fierbeti-l timp de 5 minute.

3. Acum adăugați broccoli și tofu în el și gătiți-l aproape 5 minute până când culoarea broccoli își schimbă.

4. Servește această nucă de cocos și curry verde cu o mână de orez fiert și multe stafide deasupra.

<u>Informații nutriționale:</u>Calorii 170 Carbohidrați: 34 g Grăsimi: 2 g Proteine: 3 g

Supă de cartofi dulci și pui cu porții de linte: 6

Timp de preparare: 35 de minute

Ingrediente:

10 tulpini de țelină

1 pui gătit în casă sau rotiserie

2 cartofi dulci medii

5 uncii de linte franțuzească

2 linguri suc proaspăt de lămâie

½ cap scarola de mărimea unei mușcături

6 catei de usturoi feliati subtiri

½ cană mărar (tocat fin)

1 lingura de sare Kosher

2 linguri ulei extra virgin

Directii:

1. Adăugați sare, carcasa de pui, linte și cartofi dulci în 8 uncii de apă și fierbeți-l la foc mare.

2. Gătiți aceste articole aproape timp de 10-12 minute și îndepărtați toată forma de spumă de pe el.

3. Gatiti usturoiul si telina in ulei aproape 10 minute pana se inmoaie & maro deschis, apoi adaugă în ea puiul fript mărunțit.

4. Adăugați acest amestec în supa de scarole și amestecați-l continuu timp de 5 minute la foc mediu.

5. Adăugați zeama de lămâie și amestecați mararul. Serviți supa fierbinte cu sare.

<u>Informații nutriționale:</u>Calorii 310 Carbohidrați: 45 g Grăsimi: 11 g Proteine: 13 g